有賀薫の

だしらぼ

すべてのものに
だしはある

だしらぼへ ようこそ！

だしらぼ。それは、だしをポップに楽しく研究する「だしの実験室」です。

だしは、料理をおいしくする縁の下の力持ち。でも、その正体や使い方は案外謎に包まれていて、料理のときに迷うことも多かったりします。

「昆布やかつお節って、めんどくさそう」
「顆粒だしって、もしかして手抜き？」
「だしパック、どうやって選ぶべき？」
「そもそも、だしって何？」

普段、無意識で使っている「だし」に関するこうした違和感や疑問を、身近なところから実証的に考えるのが、だしらぼのやり方です。

好奇心の赴くままに一歩ずつ、だしの沼に踏みこんでみませんか？

だしらぼメンバー一同

これ、全部「だし」です！

AJINOMOTO
削りたての香り
8g
スティック
×
7本
ほんだし
おいしさ決める
3種のかつお節
和風だしの素
HONDASHI
8gスティック×7本
顆粒56g
AJINOMOTO
丸鶏
がらスープ

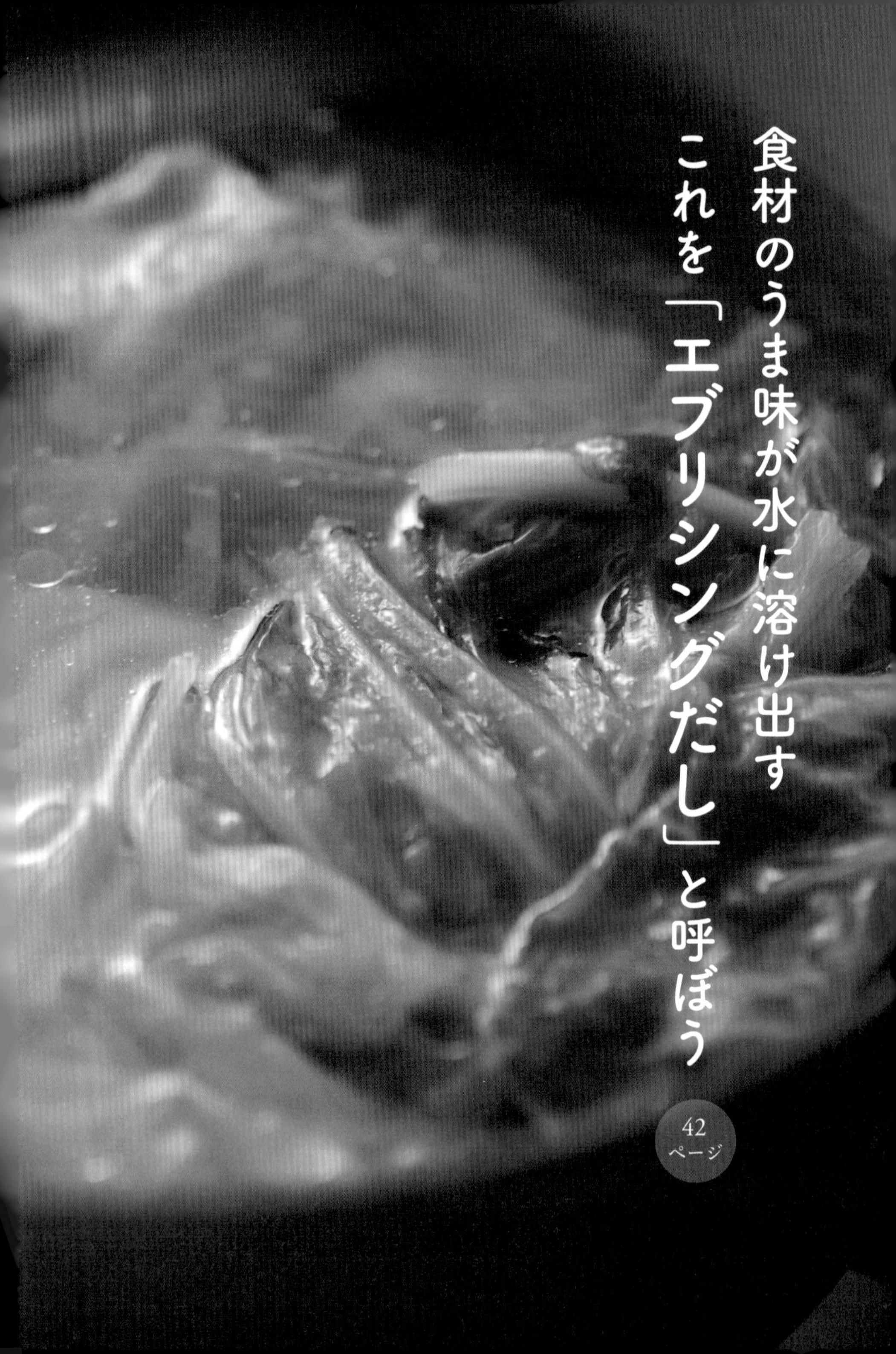

食材のうま味が水に溶け出す
これを「エブリシングだし」と呼ぼう

42
ページ

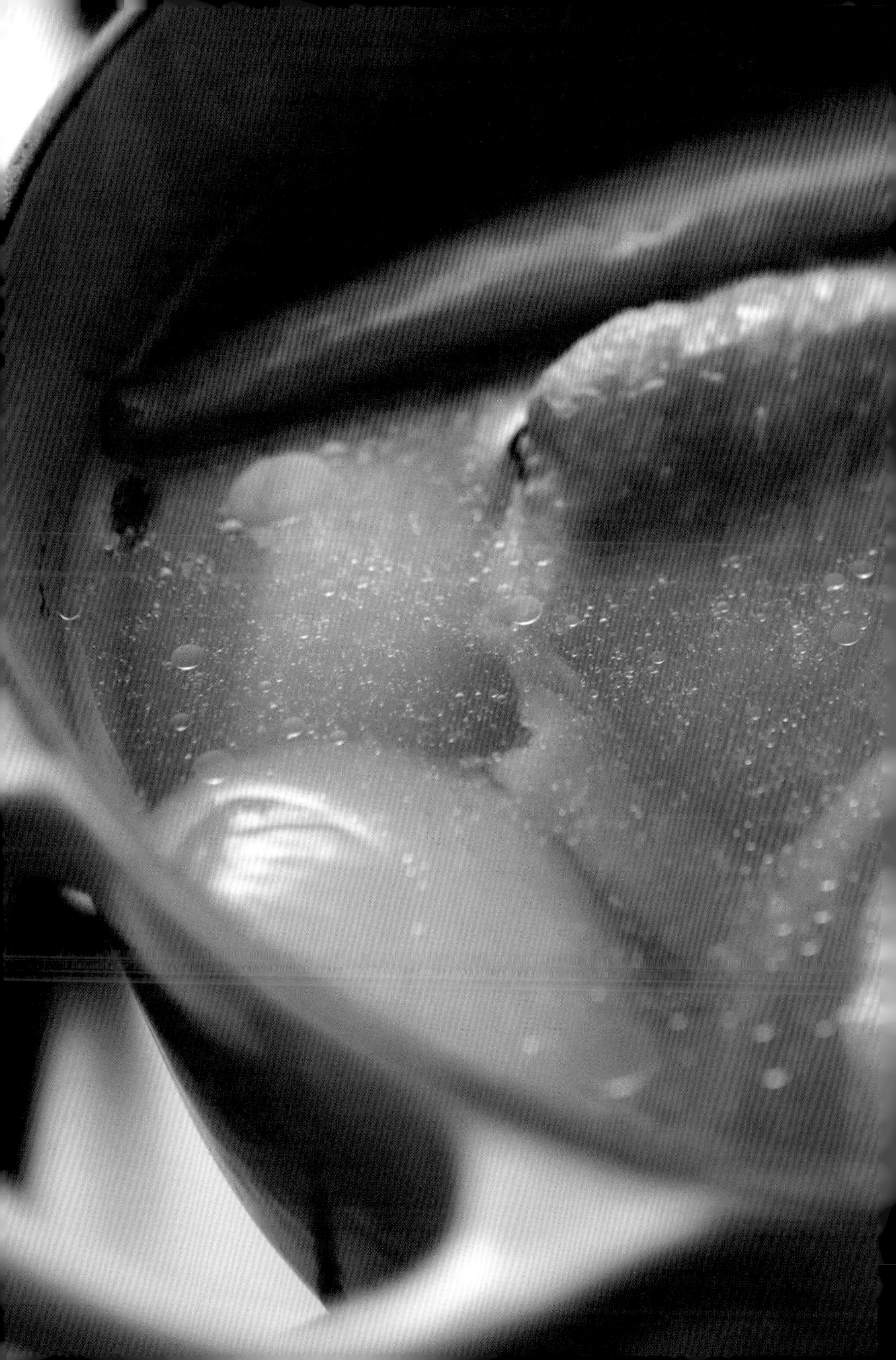

昆布とかつお節の高貴な香りとうま味
「ラスボスだし」と名づけるにふさわしい

86ページ

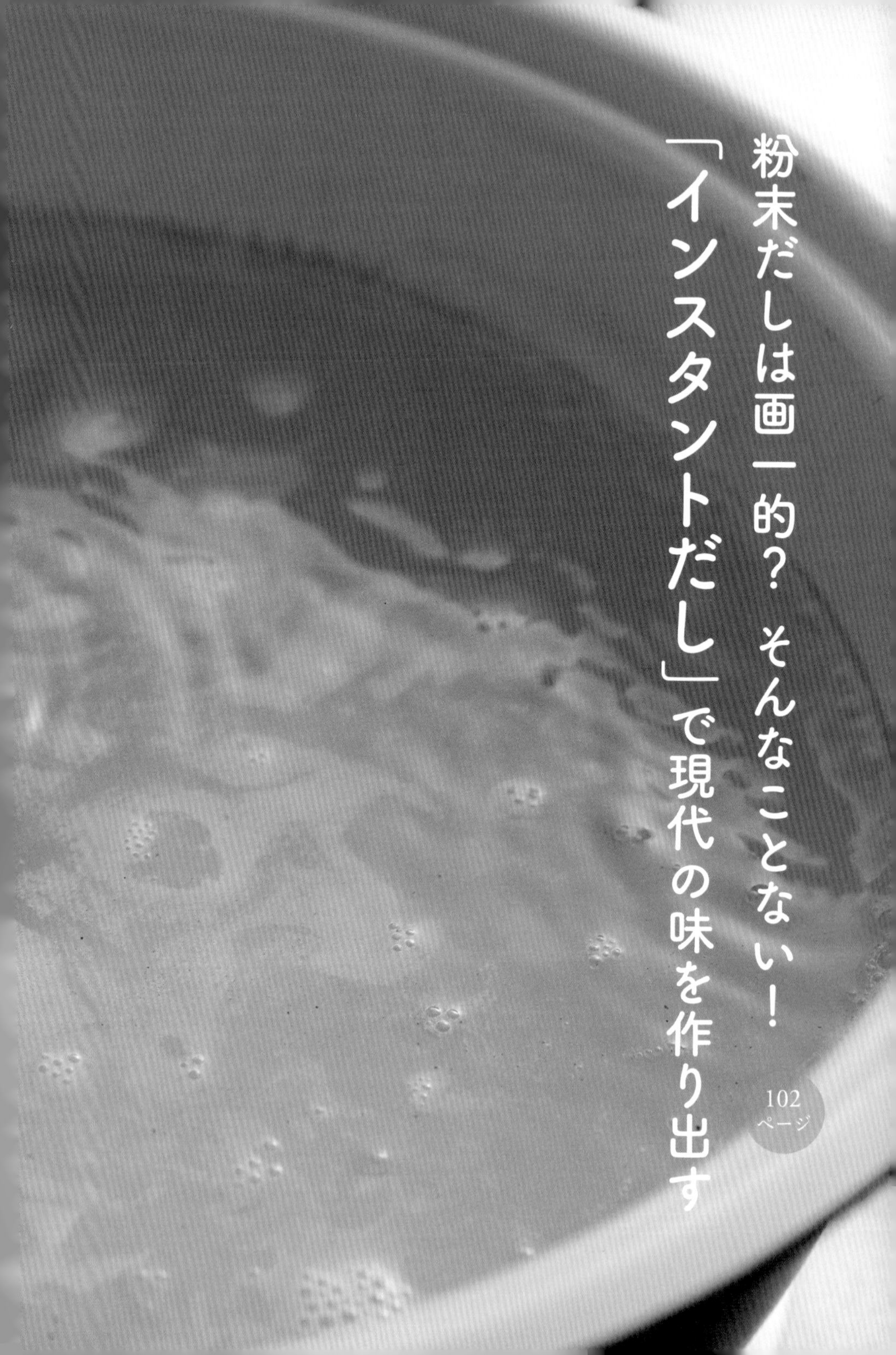

粉末だしは画一的？ そんなことない！
「インスタントだし」で現代の味を作り出す

102ページ

《エブリシングだし》で、

鶏のポトフ

鶏のうま味、キャベツとにんじんの香りが
じんわりスープに溶け出して。

POINT 1 鶏肉は弱火で煮るとクリアなだしに

POINT 2 たまねぎでだしにうま味と甘味をプラス

POINT 3 キャベツとにんじんは大きく切って長く煮込む

《ラスボスだし》で、

豆腐のお吸い物

昆布とかつお節の贅沢なおだしは、
それだけで極上のスープ。

POINT 1 昆布とかつお節でうま味の相乗効果

POINT 2 具材や調味料もうま味の一つに

POINT 3 三つ葉やゆず皮で香りをトッピング

  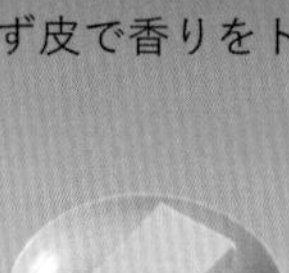 

《インスタントだし》で、

シンプル醤油ラーメン

顆粒だしのダブルづかいで、
ラーメンスープが一瞬で完成！

POINT 1　和風だしと中華だしのダブルづかいで複雑さを出す

POINT 2　麺のだしは濃いめの味つけで

POINT 3　ごま油でだしの国籍を決める

はじめに

朝のスープを作り始めて11年、スープ作家としてデビューして7年。生活する人たちの日々の暮らしに添う、作りやすいスープのレシピをお伝えしてきました。そんな中で、もっともよく質問されるのが「だし」のことです。

私たちが通常「だし」というとき、それは昆布やかつお節、干し椎茸、あるいは鶏ガラなどの「だし素材」を使ってとるだしのことを指しています。ほとんどのだしの情報は、料亭やレストランで使われるようなハイレベルな「だし」をどう作り、どう使うかという情報に終始しています。結果として、一般の人は手軽な粉末だしやだしパックを使うことになりますが、そこには「これって手抜きなのでは？」というモヤモヤがつきまといます。

肉や野菜から出るうま味を利用して具材ごと食べる私のスープは、「だしを使わなくてもいいんだ」という気楽さとともに多くの方の支持を得てきました。このことは、家庭で料理する人たちにとって「だし」が手強いものであり、料理をするときの心理的なハードルになっていることの裏返しだと感じます。

この本の新しいところは、狭義の「だし」だけではなく、実はどんなものからも、たとえば肉や魚介、野菜、お茶、漬物、干物、発酵食品……すべての食材からだしは出ているという事実にあらためてスポットを当てていること。

そして同時に、私たちが暮らしの中でどのようにだしとつき合い、料理にどう生かすかをお伝えする、生活者目線のだし本であることです。

どんなものにも、だしはある。広義のだしである「エブリシングだし」を認識すれば、これまで難しいとされてきただしの世界がするりと明快に、しかも体系的に理解でき、うま味に対する解釈も大きく変わります。料理初心者にとっては「これでいい」という安心感につながりますし、プロの方にとってもまた、料理のポテンシャルを引き出すヒントとなるはずです。

この本の構成は、こんなふうになっています。

第1章では、だしを3つのタイプに分けて紹介。また、アンケート結果を交えつつ、現代のみんなの「だし事情」も紹介します。

第2章では、3つに分けたそれぞれのだしについて、具体的に掘り下げていきます。

・ラボ1は、どんな食材からもとれる「エブリシングだし」の使いこなし術を。

・ラボ2は、さらなるおいしさを目指す人たちの「ラスボスだし」の位置づけを。

・ラボ3は、時短と味のバランスで現代人を支える「インスタントだし」の未来を。

そして第3章では、だし界をけん引する専門家たちを取材して聞いた、さまざまなだしとうま味、料理に関する深くて楽しい話をしようと思っています。

なかでも「エブリシングだし」は、これまで「だし」としてあまり認識されてこなかった新しい概念です。しかし、これこそが私のスープの考え方のベースになっているもので、もっともお伝えしたいテーマでもあります。

この本を読んでほしいのは、料理の修業をしたことや飲食店での勤務経験がなくても、家族や自分のために料理をしている人たちです。何を隠そう、私もその一人です。

普通の人は「今日のおかずは何にしよう」と悩むことはあっても、「今日のだしはどうしよう」と思うことはありません。それでも、「だしって何だろう?」と考え、必要で十分なだしを使いこなせるようになることで、日々の料理はちょっぴり明るく、豊かになります。

だしの世界はとても広いので、歩くにあたって迷子にならないように、この本をだしガイドとして役立ててもらえれば幸いです。

そんなみんなの「だしらぼ」へ、どうぞお入りください。

スープ作家・有賀 薫

目次

計量の単位は、
小さじ1＝5mℓ
大さじ1＝15mℓです。
塩は小さじ1＝6g
（粗塩の場合は5g）です。

イラスト：有賀薫

やってみよう

だしらぼレシピ

第1章

みんなの「だし」は3つある

「だし」って何？

家庭で洋風のスープを作るとき、ブイヨンキューブを使う人が多いと思います。私も以前はそうでした。2個入れたらもっとおいしくなるはずと、考えもせずにキューブを鍋に放り込んでいました。うま味は増やせば増やすほど良いと信じていたのです。

そんなある朝、ブイヨンキューブを切らしていたことに気づきました。仕方なく野菜やベーコンを鍋で炒めてから、水を注いで煮込んでみました。ところが味を見ると、スープはちゃんとおいしくなっていました。キューブをたくさん入れたときのような、わかりやすいおいしさではありません。でも、野菜そのものの香りや味が、ちゃんと感じられます。それまでブイヨンの強い味に覆い隠されていた個性豊かな野菜のおいしさが、浮かび上がっていたのです。

このとき、私の中で「だし」に対する考え方が変わりました。

そこからは粉末だしやブイヨンキューブをなるべく使わないでスープを作るようになりました。にんじんからはまろやかな甘さのスープ、セロリからは香り高いスープ。食材ごとに味わいが変わります。それは決して「だしなしのスープ」などではなく、さまざまな具材からうま味や香りが抽出された「だしありのスープ」でした。

だしを簡単に定義すると、食材の味や香り、うま味を液体に移したものです。

たとえば昆布とかつお節を水で煮出すと、そのうま味が溶け出して「昆布かつおだし」になりますし、干し椎茸を水につけておくと「椎茸だし」、鶏のガラを水でコトコト煮込めば「鶏だし」ができます。だしが出るのは、昆布やかつお節からだけではありません。

たまねぎを水煮すれば、たまねぎだし。
きのこを煮出せば、きのこだし。
豆のゆで汁は、豆のだし。

料理にうま味や香り、舌ざわりなどさまざまな要素を加え、料理のおいしさを支えるものは、すべてがだし。そこからスタートすると、だしの世界は一気に広がり、見え方も変わります。キャベツだし、ピーマンだし、キュウリだし、ダイコンだし、リンゴだし……すべての食材を「だし」とカウントすることによって、だしやうま味への理解が深まっていきます。

だしを3つに分けてみよう

この本では、だしを考えるにあたって、私たちの周りにあるだしを、だしの進化の段階によって3つに分けて、順番にとりあげていきます。

1　エブリシングだし

具材を水に入れて煮たり、水や湯などの液体に漬け込んだりすることによって、食材の何かしらのおいしさが水に移ります。この最もプリミティブな「最初のだし」を、この本では「エブリシングだし」と呼ぼうと思います。

スープや煮物を作るとき、だし素材をわざわざ使わず具材のうま味を利用する、いわばだしなしのだし、またはだしと名がつく以前の名も無きだしともいえます。

エブリシングだしをうまく使えるようになれば、食材の細やかで自然なおいしさをキャッチできるようになります。また、だし素材に完全に寄りかからずに料理できるようになることは大きなメリットです。忙しい現代人にこそ、エブリシングだしの存在を知ってもらう意味は大きいと思っています。

2　ラスボスだし

肉や魚を煮込んだものを食べていた昔の人が、あるとき「このおいしい汁だけを別の料理に使ってはどうだろうか？」とひらめいた、これが「だし」という概念の誕生です。

日本の「昆布かつおだし」、西洋の「ブイヨン」や「フォン・ド・ヴォー」、中華の「湯《タン》」など、東西を問わず、人々は、よりたっぷりとうま味がとれる食材を探し、発酵や乾燥など加工を工夫して効率的にだしをとり、汁物、煮物、あるいは調味料やソースとして利用してきました。素材や調理法は違ってもやっていることは同じです。

現在、一般的に「だし」と呼ばれるものは、このように製品や調理法が確立し、食文化にまで出世しただしのことです。上等な希少性のあるだしになるほど、手間ひまもコストもかかります。昆布やかつお節は、もともとは身分の高い方への献上品。庶民が昆布やかつお節でだしをとった料理を口にするのは江戸時代に入ってのことであり、家庭で本格的なだしをとるようになったのはもっと最近のことです。

だしは料理の基本ですが、かつお節を削ったり丸鶏をブイヨンにしたりするのは、家庭ではハードルが高いのも事実。そこで本書ではこれらのだしを、料理好きが最後にたどりつき攻略するという意味で「ラスボスだし」と名づけようと思います。

ラスボスだしは手間ひまがかかり、食材も高価ではありますが、食べることが好きな人たちにとっては、それを凌駕するほどの楽しさや発見があるものです。知的好奇心も大いに刺激されます。この本では、その

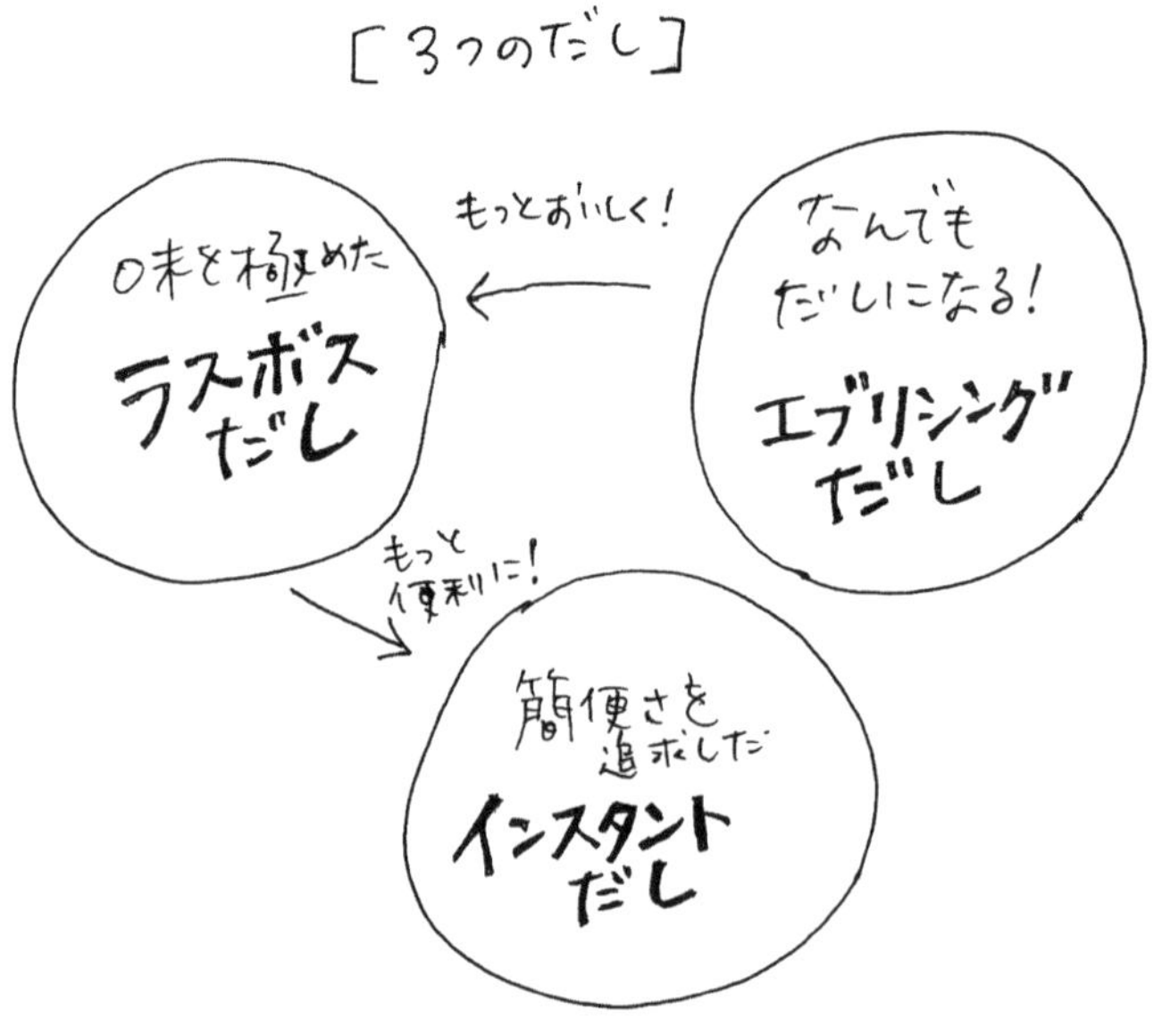

楽しみ方や家庭での取り入れ方を考察していきましょう。

3 インスタントだし

だしは味わいの面ではどんどん進化し続けました。

その一方、女性の社会進出とともに家事にかける時間が短くなり、昭和期のように家庭でかつお節削り器でかつお節を削り、だしをとるというようなことはなくなっています。

そこに登場するのが、この本で紹介する3つめのだし、「インスタントだし」です。粉末だしやだしパック、めんつゆなど、私たちに最も身近なだしといえます。

実は、だしアンケートでも圧倒的に保有率が高かったのが顆粒だし、次いでだしパックでした。だしをとるひと手間を大変と感じる人たちの声に応えて登場したインスタントだしやだしパック、ブイヨンキューブが売れるのは、ある意味道理です。

これらは市場の拡大とともに、味や使いやすさも改良されてきました。

さらに、だしと調味料を合わせためんつゆやだし醤油、白だしなども登場します。味つけが決まりやすいということで人気となり、めんつゆを使ったレシピがネットを中心に展開されます。インスタントだしによって、だしの選択肢は飛躍的に増えました。

こうして「エブリシングだし」が「ラスボスだし」に進化し、社会の求めるところによって、その簡易版である「インスタントだし」へと進化していきました。時間軸でいえば、だしの進化の最先端は「インスタントだし」ということになります。

だしの世界をもっと自由に

エブリシングだし、ラスボスだし、インスタントだし。この本ではこれがいい！　というおすすめはしません。便利さ、味わい、コスト、入手しやすさ、食文化やストーリー……それぞれのだしに一長一短があるからです。

日本が育んできた昆布やかつお節などのだし文化は、世界にも類を見ないもので、海外からも注目されています。便利さや経済性によって家庭から消えるというのは、食文化という点からは望ましくありません。その反対に、味でも流通面でもチャレンジし続けている粉末だしを画一的という一言で片づけることにも違和感があります。
どれを選ぶかは使う側の私たちが料理に何を求めるのかによって変わるので、それぞれのだしの違いと、正しい選び方・使い方を知ることが建設的ではないでしょうか。

あまりみなさんが意識してこなかったと思われるエブリシングだしをとりあげたのも、そんな味の多様性を考える中で、一つの選択肢にしたいからです。「だしがないと料理できない」ではなく「だしがなくてもなんとかなる」「だしがあればさらに楽しい」と感じてもらえたら、料理がもっと自由になるはずです。

エブリシングだしは、だしの概念を広げてもらうための造語です。この本を書き始める際に、発酵デザイナーの小倉ヒラクさんとお会いして、私が「どんなものからも、実はだしが出ると思うんですよ！」という話をしたところ、ヒラクさんが「いうなればエブリシングだしだよね」と言った言葉があまりにぴったりで、使わせてもらうことにした次第です。

3つのだしについて、ざっくりとらえていただけたでしょうか。それでは、それぞれのだしについて、一緒に考えていきましょう。

column

だしらぼアンケート結果

２０２３年秋にネット上で実施した、『みんなのだし事情アンケート』の結果をこちらに紹介します。私個人のＳＮＳ（ｎｏｔｅ・Ｘ）で呼びかけ、のべ８１１名の方に、アンケートにお答えいただきました。

キッチンにどんな「だし」がありますか？

年代は20代から60代以上まで、幅広い年齢層でした。

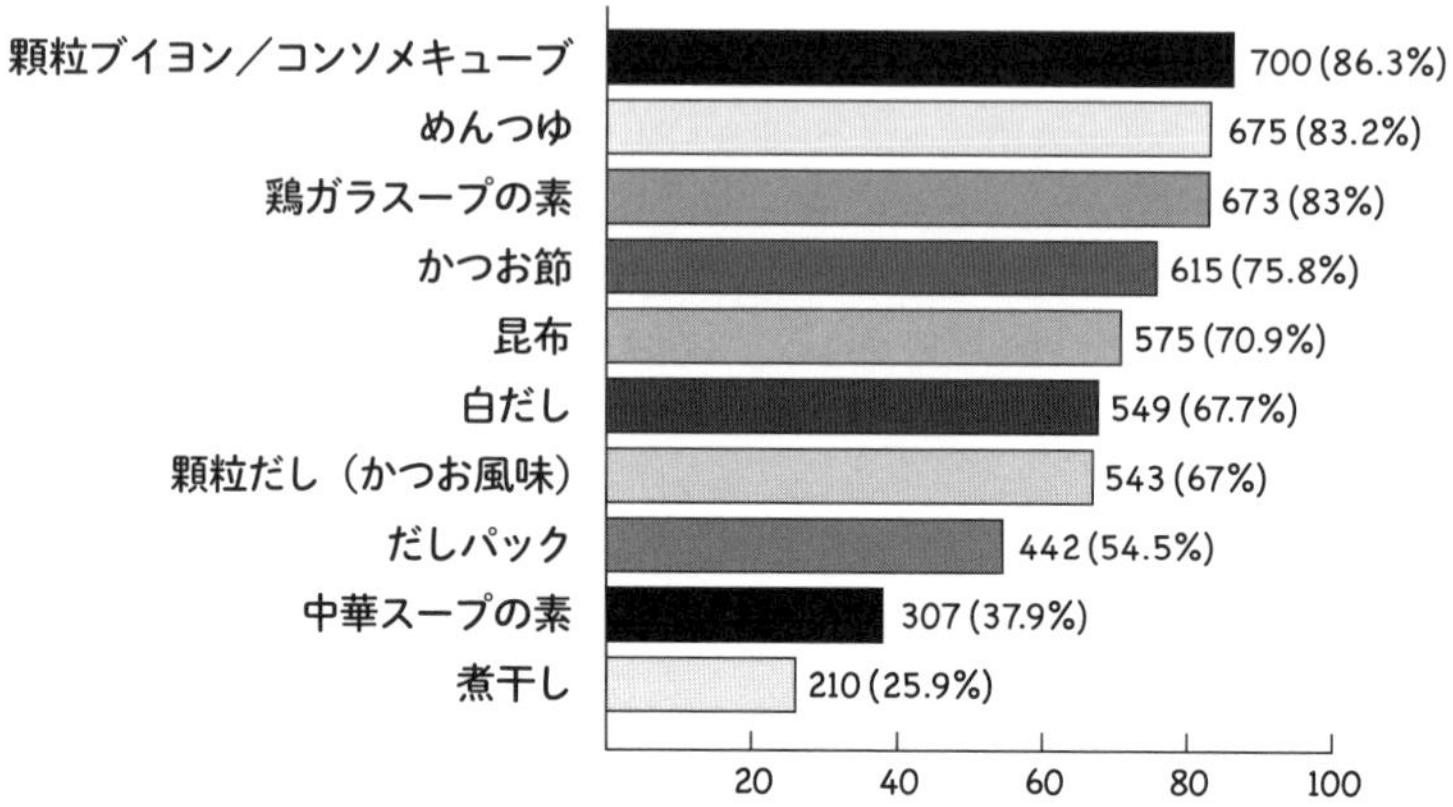

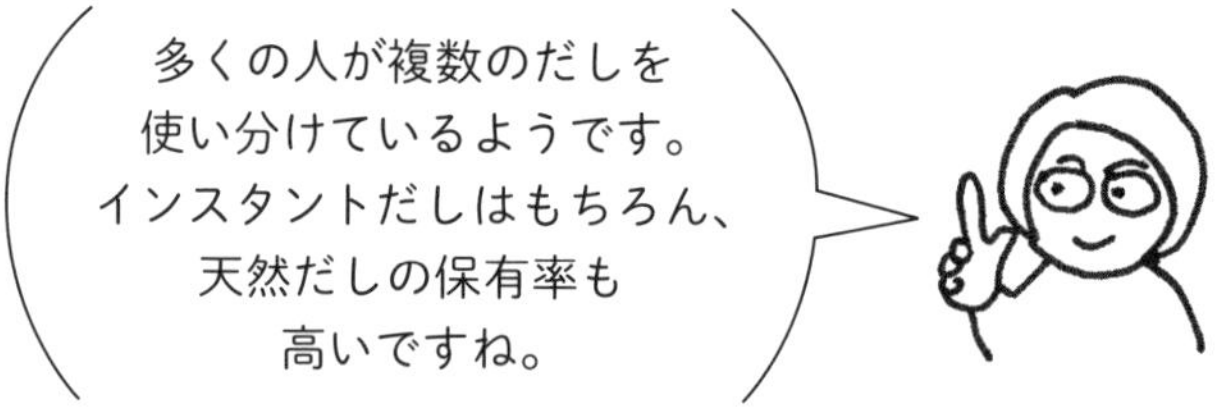

まず、みなさんの持っているだしについてお聞きしました。昆布やかつお節などの天然だしのほか、顆粒だしやだしパックなどインスタントだし、またのめんつゆや白だしのように調味料をブレンドしてあるだしなど、みなさんのキッチンを想定した選択肢を作ってみました。

全体を見ると、だしの種類によってそれほど大きな偏りはありません。それは「多くの人が複数のだしを使い分けている」ということだととらえました。和風のだしだけでもおそらく「顆粒だしとめんつゆ」とか「かつおと昆布とだしパック」「全部持ち」など、その日の目的や気分によって使い分けているのでしょう。インスタントだしの保有率の高さが見える一方で、かつお節は75・8%、昆布は70・9%と、天然だしの保有率も高くなっています。

味噌汁で一番よく使う「だし」は何ですか？

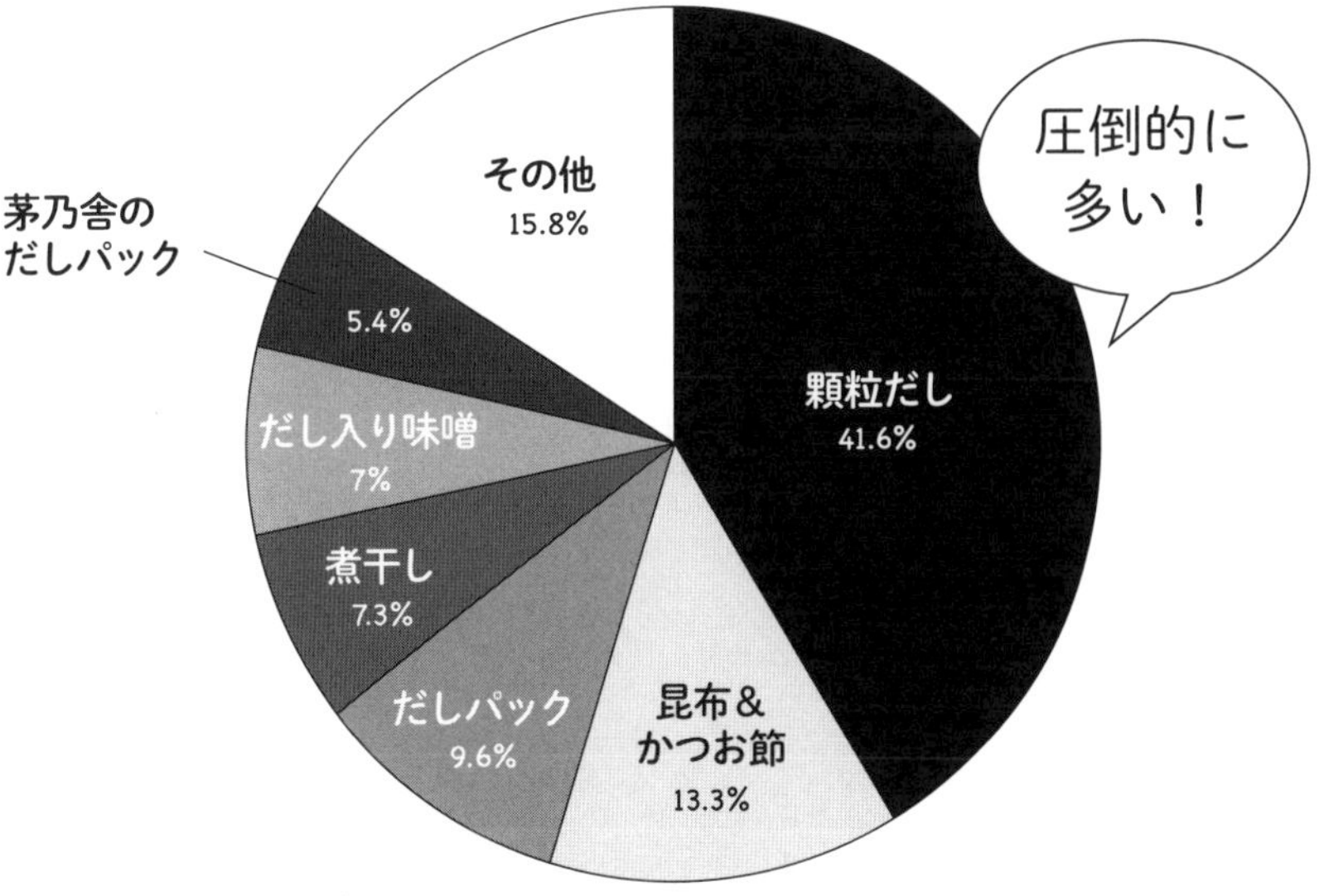

みんなの声

- ・だしパックをビンにあけて１杯につき小さじ¼くらいすくって
- ・だしは使わず野菜を蒸し煮している
- ・使わない（美味しい味噌なら必要ない）
- ・おぼろ昆布
- ・理想は昆布＆かつお節、現実は昆布のみ
- ・味の素

次に、日本人が作る回数の多い味噌汁に使っているだしを聞きました。ダントツは予想通り、顆粒だし。１位の顆粒だしと3位のだしパックを合わせたら、インスタントだしで50%を超えています。２位の昆布かつおだしも根強い人気です。こうしたアンケートに自主的に答える人たちの属性として、料理に関心が高い人が多いので、実際にはもう少し少なめかもしれません。ちなみに私の毎日の味噌汁は煮干しだし（7・3%）で、少数派です。煮干しは具材として食べられるのでラクなのですが、独特のクセが苦手な人もいるのでしょう。

だしパックの袋を破いて粉として使っている方は結構多いようです。配合バランスがとれているので合理的なのかも。

味の素をだしの素として使うという意見も。味噌汁は具材や味噌の風味が生きる料理なので、純粋に味の素をうまみ要員として少しだけ加えるのは十分にありだなと感じました。

ないと困る「だし」は何ですか？
また、その理由をお答えください

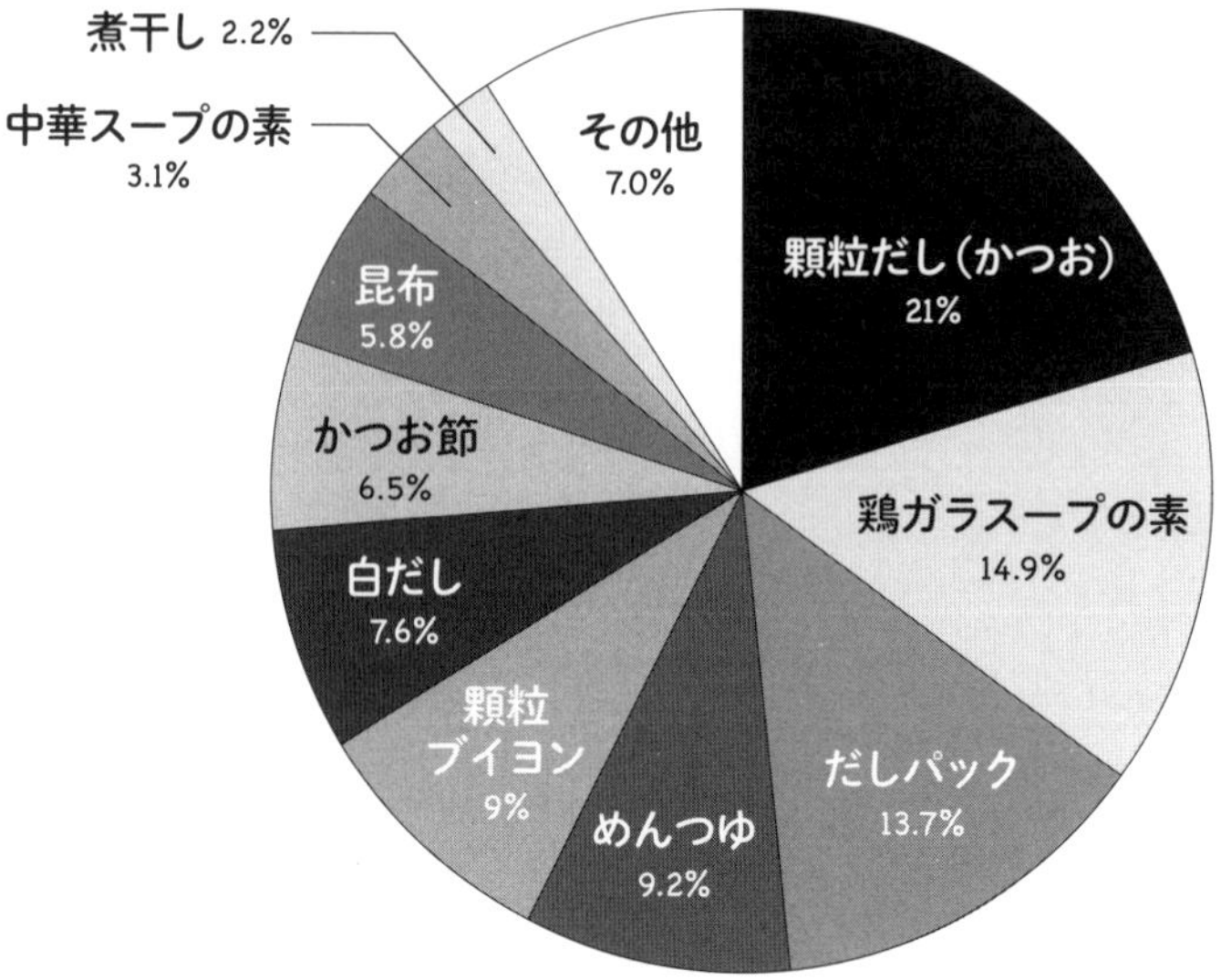

みんなの声

・だしパック。毎日のお味噌汁に欠かせない
・顆粒だし。子どものころから慣れ親しんだ味だから。これでないと母の味が出ない
・鶏ガラスープの素。何かと１番使っている。だしというより調味料
・コンソメキューブ。洋風の味つけに使えるだしの代わりがほかにない
・白だし。和洋中どんな料理でもボケてるうま味を補填したいときに一番手軽

ないと困るだしを聞いたところ、顆粒だし（21％）、だしパック（13・7％）など、味噌汁に使うだしが上位にきました。コメントからは、顆粒だしがすでに二世代にわたり家庭の味として定着しているケースもうかがえました。

2位の鶏ガラスープの素（14・9％）は、中華スープの素（3・1％）と足すと顆粒だしに迫ります。コメントからは、だしと調味料の中間ぐらいの感覚で使っていることが伝わってきます。

5位の顆粒ブイヨン（9％）は洋食が好きな方にとっては欠かせないだしのようです。代替がない、という意味合いのコメントが複数ありました。

天然だしはやや劣勢。かつお節の6・5％、次いで昆布の5・8％です。ないと困るだしというより、ハレの日の料理のだし、プラスαのだしとして備えている人も多いようです。

めんつゆ（9・2％）や白だし（7・6％）も合わせるとかなりの人気。だし

レシピに「だし汁200mℓ」とあったら、どうしていますか？

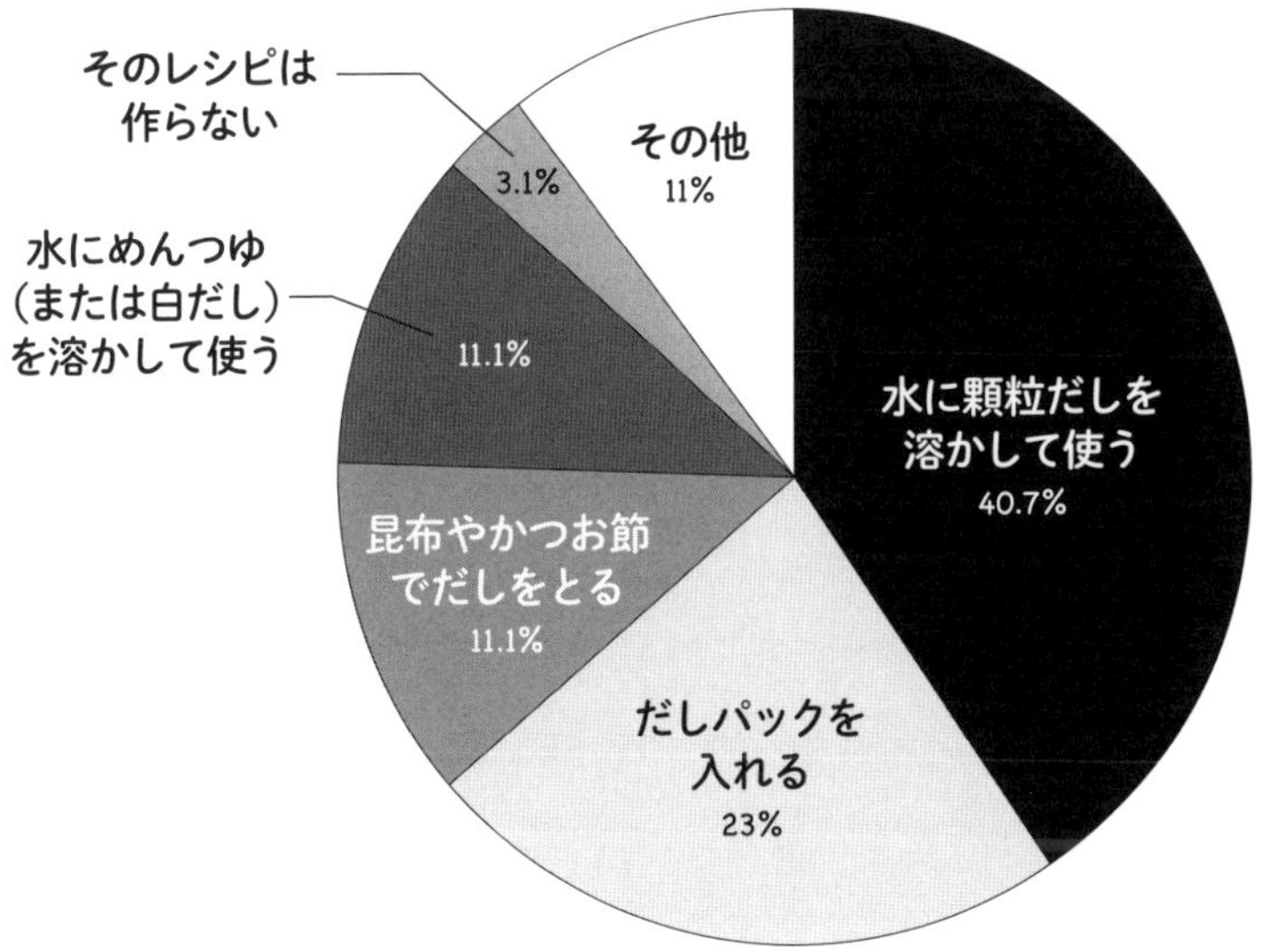

みんなの声

- だしパックで多めにだしをとっておき、そのレシピと味噌汁に活用する
- 冷蔵庫に常備している昆布と煮干しの水だしで作る
- 素材の味を引き出したいときは昆布だし、少し濃いめがいいものは顆粒だし
- 料理の本気度によって使い分ける。本気なら昆布とかつお節からだしをとり、簡単な料理なら顆粒だし

というよりも、汎用性の高い調味料として活躍していると考えられます。めんつゆは「味が決まりやすい」と、絶大な信頼を寄せる人が多数見られました。

自由回答の欄には、個別のメーカーを書いている人が多く見られました。だしはその家庭の味のベースになっているもの。他人と合わせる必要はなく、自分のだしを大切にしてほしいです。

レシピに「だし汁200mℓ」とあったら、どうしていますか？　という質問については、水に顆粒だしを溶かして使う（40・7％）という回答がダントツ。水にめんつゆ（または白だし）を溶かして使う人も11・1％いました。めんつゆ・白だし派の方は、調味料の量を感覚的に調整しているようです。

材料欄に「だし」とあるレシピは作らないという方も3・1％いました。「だし」の得体の知れなさが、料理のハードルを上げているのかも……と個人的には危機感を覚える数字でした。

「だしってハードル高いなぁ」と思うのは、どんな瞬間ですか　その1

工程や場所 道具

「沸騰させずに」とか
「アクを取る」など、
放っておけない過程
があるとき

若い頃、煮干しの頭や
はらわたを取るという説明を
見た瞬間にそう思いました

**濾したザルを
洗うとき**

コンロが
１口しかないから、
だしをとる間は
なにもできない

昆布をふきんでぬぐう、
○○分ひたす、
沸騰直前で取りだすと
レシピに書いてあったとき

時間

前日に昆布や煮干しを浸し忘れて
寝てしまった翌日（笑）

６時すぎに帰宅、
子どもにまとわりつかれながら
７時に夕飯のスケジュールだと
ついだしの素に頼りがちです

水出ししておくとか、
煮立たせない程度にあたためるとか
制約が多い。
食事の支度の時間は
限られているのに

「だしはハードルが高い」という言葉を聞くことが多いため、改めて尋ねてみました。この設問で多くの方が想定しているのが、昆布やかつお節でとるだしのようですね。みなさん、かなりぎっしりと書き込んでくれました！　回答を大きくジャンル分けし、ピックアップしてご紹介します。

まずは「だしをとる工程や調理スペース、道具」について、そして時間についての回答です。手間も時間もかかるという点にハードルの高さを感じている人が多いようですね。

調理方法や味の正解がわからないという意見も。だしについて書かれた本は、プロ仕様が多いことも一因かも。

だし素材の価格の高さ、選び方、だしがらの処分についての意見も。たしかに、捨てる際の心理的負担、意外と大きいですよね。

逆に「特にハードルを感じていない」

使い切れない・だしがらの処分

少しで良いのに、
だしパック１袋で400mlの
だしができたとき。
残りをどうしよう

だしをとったあとの
昆布を捨てるとき。
佃煮にすると良いですよ
と言われても、
そんなに佃煮はいらない

ちゃんと
とっただしは
日持ちがしない

だしに使った
大量のかつお節を
捨てるとき

一人暮らしだと
少量しか使わないので、
だしに手が出ない

味

使う材料によって
味が変わるところ

だしパックで
濃いめに引いた
だしが頼りなく
感じるとき

「野菜からだしが出る」と
書いてあっても、
濃い味に慣れているため
イマイチ良さを
感じられない

手間をかけて
天然だしをとっても、
顆粒だしに慣れた家族からは
味が薄いと思われがち

という意見も一定数ありました。実際にやってみたら、なんだ簡単！　と思う人もいます。私もそう思って、いろいろなだしのとり方をお伝えしています。

アンケートは当初、日々のだしの話を数人からでも聞いてみたいな、という気持ちでした。しかし、たくさんの方に答えていただいたことで、今のみなさんとだしとの関係やキッチンの様子が、数字以上に見えてきました。

ここに浮かび上がってきたのは、だしそのものというより「おいしさをどうとらえているか」という意識でした。インスタントだしの使用率の高さは、食の画一化のように思えるかもしれません。でも自由回答に目を向けると、そこには多様なだし、生活と料理環境が見えます。忙しい日々、便利で安価なものも取り入れつつ、それぞれの家庭で営まれている食の工夫が浮かび上がってきたアンケート結果でした。

「だしってハードル高いなぁ」と思うのは、どんな瞬間ですか　その2

やり方がわからない、正解が不明

「キレイな**黄金色のだし**をとる」

というような記載があったとき

「一番出汁」

って書いてあるとき

**作り方が
わからない**

昆布やかつお節など、
ものによって
だしのとり方が違うとき。
だしパックが手軽に感じます

本来の味が未だ不明で、
使い方がよくわからないため

人生経験の中にない。

売っている場所から調べないと

昆布の引き上げタイミングなど、

「本当にこれで良いの？」

と不安になる

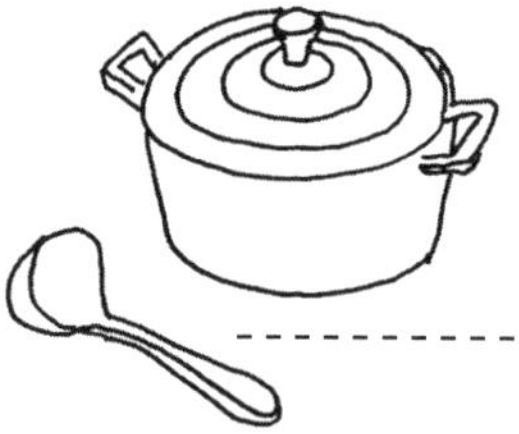

価値観いろいろ

かつお節を削って
だしをとったとき、
その凄みがわかったと同時に、
だしパックや顆粒だしが
よくできてるものだな
と感心しました

便利で手軽に使用できる
市販品をメーカーが開発してくれて、
それを使って自分が
おいしいと感じる料理を
作っているのに、
「身体に悪い」だの
「手抜き」だの
と言ってくる人もいたりして、
そういう声が聞こえてくるたびに
ハードル高いなあと感じます

だしをとっても、
醤油や味噌でその味が
生かされないようなレシピ
（肉じゃがや煮物など）
を見ると、
「だしをとる意味とは？」
と思ってしまいます

買い物のしかたや価格

自分にとって、
昆布は高嶺の花。
だからこそ十二分に
そのポテンシャルを活かしたいが、
料理の腕と味覚がそれについていける
自信がない

入手ハードルが高い。
枯節はもちろん、花かつおも
置いてあるところが
減っている

普段づかいの味や価格など、
自分に合うものを
探し出すまでが簡単ではない。
一度買うとしばらく使い続けることに
なるのも厄介

だしパックをまとめて買うとき、
お値段にびっくりする

昆布一つでも
いろいろな種類があり、
どれを選べば良いのか
わからない

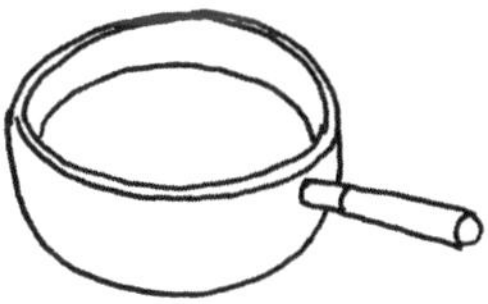

特にハードルを感じていない

あまり思ったことがなく、
いつもだしに
助けられてます

顆粒だしやコンソメ、
中華スープの素など
使うようになってから
だしのハードルが
下がりました

世間の
「ハードルが高い」
イメージが強すぎる
気はします

第2章

だしらぼ

ラボ
01

食材のうま味が水に溶け出す

エブリシングだし

食材と水を鍋に入れて火にかけるだけで、だしは出ます。これまで「だし」としてあまり認識されていなかったものを「**エブリシングだし**」と名づけました。食材の香りや自然なおいしさをどのように引き出し、スープに仕立てるかを6項目（食材選び／食材の組み合わせ／下ごしらえ／加熱／基本の味つけ／味をととのえる）に分解して紹介します。スープ作家・有賀薫の思考回路を公開する実験でもあります。

Summary

☑ すべての食材からだしは出る
☑ だしそのものが具材にもなるのがエブリシングだし
☑ エブリシングだしの構成要素は6つある
食材選び／食材の組み合わせ／下ごしらえ
加熱／基本の味つけ／味をととのえる
☑ 食材の組み合わせでスープは無限にできる

すべてのものからだしは出ていた

この章でお伝えするエブリシングだしは、だしの地図を開いた私たちが最初に向かうべき地点であり、だしの考えかたの基本になると、私が思っているものです。

第1章で説明したエブリシングだしについて、再び振り返りましょう。

> 具材を水に入れて煮たり、水や湯などの液体に漬け込んだりすることによって、食材の何かしらのおいしさが水に移ります。この最もプリミティブな「最初のだし」を、この本では「エブリシングだし」と呼ぼうと思います。
>
> スープや煮物を作るとき、だし素材をわざわざ使わず具材のうま味を利用する、いわばだしなしのだし、またはだしと名がつく以前の名も無きだしともいえます。（26～27ページより）

私は「すべての食材からだしが出る」ことに気づいてから、一気にスープのレパートリーが広がりました。昆布やかつお節などで独立した（完成度の高い）だしをまず作って、その中で食材を煮るというやり方から、とりあえずある食材を煮出したエブリシングだしを基本にして、足りない分を足していくというやり方に変わったからです。エブリシングだしを使うことで、より食材の香りや味わいを生かせるようになり、食材の組み合わせや調理法の違いで別のスープができることに気づいていきました。

何より、従来のだしに頼らないやり方はとても気楽です。スープ作家になって、このスタイルのレシピを出すと多くの方からも、「だしを使わないのにこんなにおいしくできるなんて！」という声をいただきました。たしかに従来のだしは使っていないのですが、実は食材からの「エブリシングだし」が十分に出ているから、それ以上追加する必要はないということです。

従来のだしを否定しているわけではありません。「だしがなければダメ」を、「だしがなくてもなんとかなる」という考え方に切り替える、それがエブリシングだしを意識することの大きな意味だと考えています。

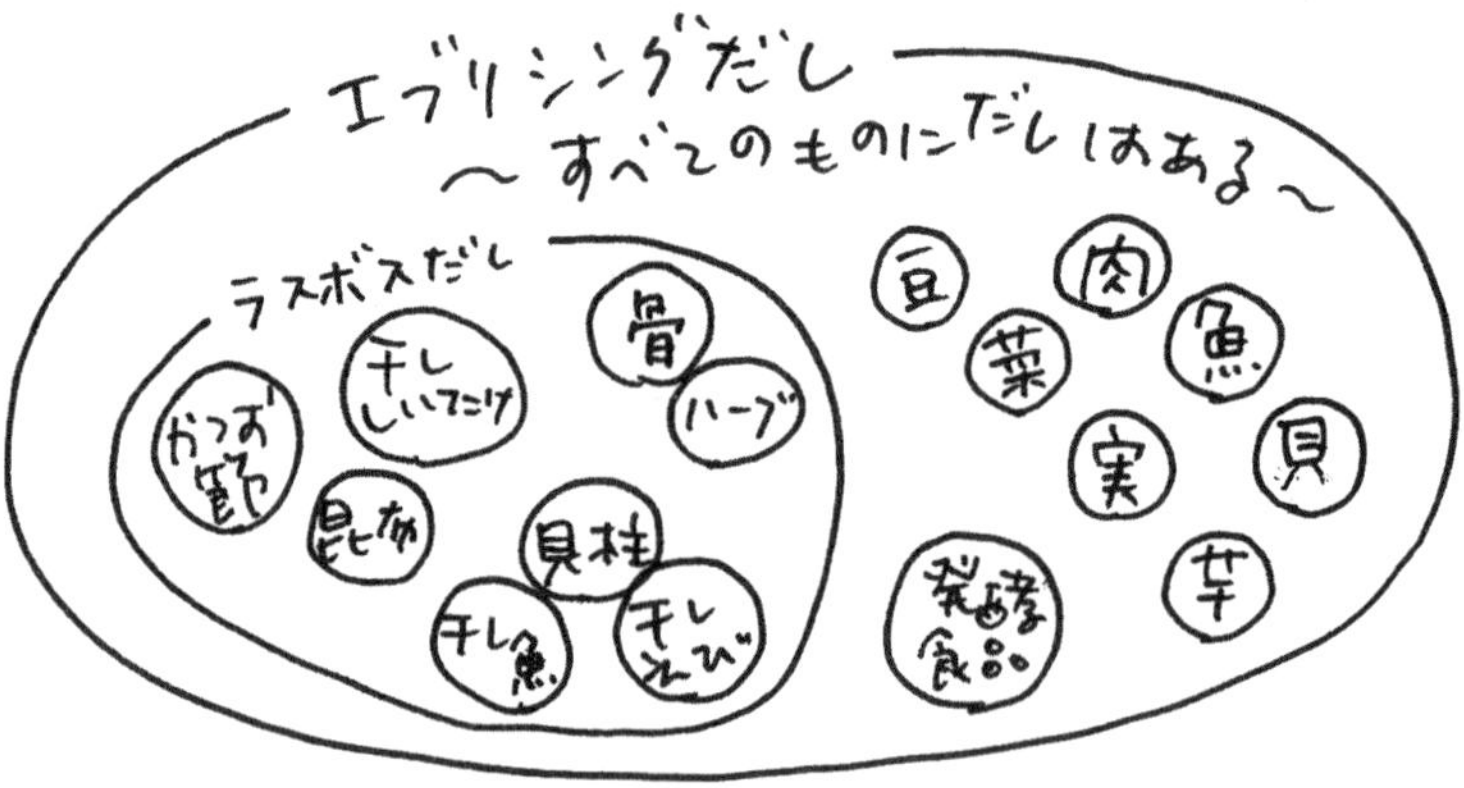

だしとスープはどう違う？

エブリシングだしを語るときに、気をつけないとならないことがあります。それは「だしとスープの境界線」です。

エブリシングだしの素は食材そのもの。つまり、料理として完成したとき、それはスープの具材にもなります。また、だしそのもののうま味は若干足りないけれど、具材と汁を一緒に口に入れることで成立するようなレシピも、私は多く作ります。「だし」は本来、食材の味が溶け込んだ液体を指すので、具材は含まれないのですが、エブリシングだしを語り、分析する場合は、だしと具は分かちがたくあるのです。

こんな風に聞くとなんだか難しそうですね。でも、構造はとてもシンプルです。「メインの具材を決めて」「合わせる具があれば選んで」「どんなふうに煮出して」「何で味をつけるか」というようなことを一つずつ実践していくだけで、自分がいま食べたいスープ（だし）が簡単に頭に浮かぶようになっていきます。

エブリシングだしの構成要素

エブリシングだしにはいくつかのポイントがあります。すべてが満たされなくても大丈夫。ここにある項目がわかると、さまざまなバリエーションが生み出せます。

食材選び　食材の持ち味を生かせば、だしが変わる。
食材の組み合わせ　食材の相乗効果を知れば、組み合わせの法則がわかる。
下ごしらえ　切り方をはじめ、具材へのひと工夫がおいしいだしの秘訣。
加熱　火加減は？　先に炒める？　焦がす？　加熱のやり方でさらなる変化を。
基本の味つけ　塩加減とだしの関係を知っておこう。
味をととのえる　酸味やスパイスが作る味のマジック。とろみもだしの大事な要素。

それぞれの具体例と実践について、次のページから紹介していきます。

食材選び
スープの骨格となる食材を決めよう！

おいしいだしには、うま味、香り、色、食感（とろみ）など、さまざまな要素が含まれています。中でも、一番に求められるのはうま味です。エブリシングだしでも、うま味の要素をたくさん含んでいる食材が活躍してくれます。

動物性のうま味が中心になりますが、野菜や豆などからも十分なうま味は出ます。ここでは、だしの柱となる食材とその特徴を紹介します。

肉／骨

肉や骨はコクのある満足感の高いだしになります。西洋のだしであるブイヨンや、中国料理のだしである湯《タン》のうま味の核をなすのは、肉からとっただしです。肉は、部位や形状によってだしの出方が異なります。

私たちがよく使う肉（牛・豚・鶏・肉加工品）の、エブリシングだし的な特徴を説明し、部位や形状によるだしの違いを紹介しましょう。

牛肉　ブイヨンキューブの先祖

フレンチ、イタリアンなどのだし（ブイヨン）は牛肉や仔牛肉、牛骨からとるものが多く、私たちが普段よく使っているブイヨンキューブも牛のだしを基本にしているものが多いです。

だしに使いやすい部位

すね肉　ゼラチン質が多く、コクのある味わいになる。ポトフなどに最適。

バラ肉　脂が多いのでカレーなどに。

もも肉　脂が最も少なく、淡くさっぱりした味わい。

肩ロース　脂が適度に入って肉もパサつきにくい。

やってみよう

牛肉と大根のスープ

牛すね肉を長時間煮ることで
肉はとろとろ　だしは深い味わいに

材料（2人分）

牛すね肉……400g
大根……12cm
しょうが……1片
長ねぎ……少々
塩……小さじ1
胡椒……適量

作り方

① 牛すね肉は6~7cm角に切り、塩・胡椒をしっかりまぶしつける。大根は3cm幅の輪切りにして皮をむき、下茹でする。
② 鍋に肉と茹でた大根、しょうがの薄切りを入れて水を1000~1200mℓ加え、中火にかける。アクがたっぷり出たらすくって火を弱め、そのまま弱火で1時間煮込む。
③ 塩（分量外）で味をととのえる。長ねぎのみじん切りをふる。

ひき肉・薄切り肉　表面積が広いため、短時間で一気にだしが出る。

豚肉　中華やラーメンのだしに最適

中華料理では豚と鶏を合わせただしがポピュラーで、日本でもラーメンのとんこつスープはおなじみです。豚汁も豚のだしを利用しています。豚肉それ自体も日常的によく食べているので、普段使いのだしとして豚は選択肢に入れておくと良いと思います。

だしに使いやすい部位

肩ロース　脂が適度についていて、ポトフ向き。

バラ肉　脂がかなり多いためだしには不向きだが、下茹でなどをしてから使うのはあり。

スペアリブ　骨付きバラ肉。ゼラチン質が多く上質のスープが出る。

やってみよう

豚ひき肉とニラのスープ

豚肉のだしは中華料理にぴったり
香味野菜と合わせて臭み消しを

材料（2人分）

ニラ……1/2束 70g
豚ひき肉……80g
しょうが……1片
赤唐辛子……1/2本
塩……小さじ1
片栗粉……大さじ1
ごま油……少々

作り方

① ニラは8mmほどの幅に切る。しょうがはみじん切り。
② ひき肉と塩を鍋に入れ、水500㎖を加えながら肉をほぐし、中火にかける。沸騰してアクが出たらすくい、種をとった唐辛子を入れて3分ほど煮る。
③ 倍量の水でといた片栗粉を加えてとろみをつける。ニラを一度に加えてひと混ぜし、20秒ほどで火を止める。ごま油をたらす。

もも肉　さっぱりとしたスープに。長く煮込むとぱさつくので短時間加熱で。

薄切り肉　豚汁など、だしと具の食べごたえを手軽に両立。臭み消しの野菜は必須。

ひき肉　手軽に濃いだしがとれる。臭み消しの野菜は必須。

鶏肉　世界でもっとも愛されているだし

世界中でもっともポピュラーなだしは、チキンブイヨンではないかと思います。クセがなくあっさりしたスープで、そのまま飲んでも料理のベースとしてすぐれていて、水炊き、フォー、サムゲタンなど、思いつくだけでもさまざまな料理に使われています。

日常生活で鶏のスープを少量作るなら、手羽などの骨付き部位かひき肉がおすすめです。また、丸鶏をそのまま鍋で煮込むチキンスープは、家でとれる肉系スープの中では、キング・オブ・スープと言って良いほどおいしいものです。

だしに使いやすい部位

手羽先　ゼラチン質が最も多く、濃く上質なだしがとれる。

手羽元　手羽先よりは食べられる部分が多いので、具と一緒に食べるおかずスープのときなどに重宝。

やってみよう

鶏もも肉と パセリのスープ

和洋中オールマイティな鶏だし
骨付き部位ならさらに濃厚に

材料（2人分）

鶏もも肉……1枚
パセリ（みじん切り）……10~15g
じゃがいも……大1個
にんにく……1片
塩……小さじ1
胡椒……少々
オリーブオイル……大さじ1

＊骨付き肉が望ましい。

作り方

① 鶏もも肉は半分に切る。にんにくは皮をむいてつぶす。中火にかけたフライパンにオリーブオイルとにんにくを入れて、鶏肉を皮面を下にして焼く。

② 焼き目がしっかりついたら裏返してさらに2分ほど焼きつつ、余分な脂をペーパーで吸い取る。

③ 水1000mℓを加えて煮る。アクをすくい弱火にして、塩の半量を加え、15分ほど煮込む。皮をむき四つ割りにしたじゃがいもを加え、減った分の水を足しながらさらに30~40分煮る。じゃがいもが煮えたら残りの塩と胡椒で味を調節する。

④ 皿に肉とじゃがいもを盛りつけ、刻んだパセリをのせ、上から熱いスープをたっぷりかける。

もも肉　長時間煮込んでも肉がパサつかず、コクのあるだしがとれる。水炊きなどで使われる骨付きもも肉は本格的な鶏スープに。

むね肉・ささみ　長時間煮るのには向かないので、だしがらを捨てるか、あるいは短時間煮てほかのだしや食材と合わせて使う工夫が必要。

ひき肉　短時間でおいしいスープをとりたいときにおすすめ。むね肉ならさっぱり、もも肉ならこってりしたスープができる。

鶏ガラ　安価に鶏のだしがとれる。臭みを抜くため湯で一度洗ってから使う。

丸鶏　骨と肉の良いところを合わせた贅沢なだし。

肉加工品　保存性が高く使いやすい

　忘れてならないのが、ハムやベーコン、ソーセージなど肉の加工品です。ポトフなどよくスープや煮込みにも使われます。買い置きや長期保存できるものもあるので、日常の食卓では気軽にとれるエブリシングだし食材として、上位にくるものだと思います。

　また、サラダチキンや市販の焼き鳥、缶詰のコーンビーフやビーフジャーキーのなどは、製品の味つけをだしのうま味としても利用できます。

ベーコン　脂が多めで、コクと燻香が加わるため、スープが複雑な味に。

ハム　脂が少なく、さっぱりしただしがとれる。

ソーセージ　皮があるのでだしは出にくい。ちぎったり切ったりする必要あり。香辛料などが入っている場合はその香りが利用できる。ボリュームがあって具としても◎。

サラダチキン　だしはあまり出ないが、調味料によるうま味が強め。スープの仕上げに入れて短時間であたため、具ごと食べる。

焼き鳥・ローストチキン　焼いてあるため肉の生臭さがなく、うま味は少ないが香りの良いすっきりしただしがとれる。

ビーフジャーキー　しっかりしたうま味が出る。調味されているためその味もプラス。

スパム　味つけが濃いのでその味も利用できる。大きくカットすると食べごたえも。

やってみよう

ソーセージとじゃがいも、はくさいのスープ

ソーセージやベーコンなどの肉加工品は「食べられる簡単だしの素」として考える

材料（2人分）

ソーセージ……4本（80g）
はくさいの葉……1枚 100g
じゃがいも……小1個
塩……小さじ2/3

作り方

① はくさいとじゃがいもは角切りにする。ソーセージは小口切りにする。
② 鍋に①を入れて塩と水500㎖を加え、中火で20分ほど煮る。味を見て塩、胡椒で調節する。

魚介類

魚介類のだしは、短時間でとれるのが魅力です。水から入れて、沸騰したら少し煮出すだけでしっかりとうま味が出ます。生の魚は頭もあると最高のだしになります。

魚のだしで注意点があるとしたら、作って長く置かないこと。長時間置くと生臭みが出ることです。昆布や野菜を加えて一緒に煮ると、おいしくなります。

魚　スープに向いているのは、鯛、鮭、たらなどクセや脂が少なく上品なだしが出る白身魚。さばや鯵《あじ》などの青魚はしょうがやねぎなどで臭み消しを。丸魚は店で筒切りなどにしてもらうと気軽に使える。また、魚のアラは安くてたっぷり使えるのでスープにはぴったり。

貝　うま味の濃いだしが短時間でとれる。汁物の定番であるあさり、しじみなどは水から煮出し、貝の口が開けばだしがとれている合図になる。むき身の場合は煮すぎないこと。また、冷凍のむき身は凍ったまま使えて便利。

甲殻類　えび、かになどの甲殻類は身からはもちろん、殻や頭からも濃厚なだしが出る。殻はつぶして使うとよりだしが出る。

頭足類（いか、たこ）　いか、たこなどは煮すぎると固くなるので、身にうま味を残し、だしを足したり、ほかの具でうま味を補うやり方がおすすめ。

加工品　さば缶、ツナ缶、ほたて缶、かに缶などの缶詰は加熱済みで煮込む必要がなく、後入れで使える。また、かまぼこ、ちくわ、さつま揚げなどの練りものは具材としてのボリューム感も魅力。

干し魚　保存性があり、うま味も凝縮している。鯵、ほっけ、たらなど魚の干物は煮出すとおいしいだしが出る。焼いてから煮出すのも香ばしさが加わっておすすめ。また、桜えびやしらす、ちりめんじゃこなどは、常備しておくとうま味をサッと加えられて便利。

　韓国のスープ・プゴクに使う干しだらや、中国料理の干しえび、干し貝柱などの海産物も使いやすい。いずれも煮出した後、具としても食べられる。

やってみよう

たらとじゃがいものミルクスープ

魚のだしは短期決戦
香りの野菜が相性良し！

材料（2人分）

甘塩たら……2切れ（140g）
じゃがいも……中1個（150g）
たまねぎ……1/4個（70g）
セロリの茎……4cm
オリーブオイル……小さじ2
牛乳……100㎖
塩……小さじ1/2
胡椒……少々

作り方

① たまねぎ、セロリは薄切り、じゃがいもは皮をむいて半分に切り、薄切りにする。鍋に野菜とオリーブオイルを入れて中火にかけ、炒める。
② 鍋に水400㎖を加えて煮立て、火を弱めて5~6分煮る。たらを加ええてさらに4~5分煮る。
③ 牛乳を加え、塩と胡椒で味をととのえる。好みでパセリや青ねぎなどをふる。

野菜

野菜の茹で汁は、うま味が足りなかったり、あるいは苦みやアクが出やすかったりして、単独ではだしとして成り立たないものもあります。
そんな中にも、グルタミン酸などうま味成分の含有量が多く、たっぷり使えば肉や魚なしでもだしとして成り立つ野菜もあるため、まずはそうしたものを紹介します。

加えて、野菜だしには肉や魚とは違う大きな役割があります。それは「香り」です。野菜の香りは肉や魚といったうま味の強い食材と一緒に使うことでいっそう引き立ちます。肉や魚を煮るときに、ちょっとした野菜くずと一緒に煮ると、野菜の香りで臭みがカバーされます。

ねぎ、たまねぎ　ねぎ類は加熱すると大量に使え、甘味なども加わるため「野菜のだし」としてとても有能。炒めたまねぎは洋食の煮込み料理やカレーのベースなどに使われる。たまねぎと長ねぎを比べると、よく炒めたときのクセは長ねぎのほうがおだやかで、やさしい味の野菜の引き立て役として使うには重宝する。
トマト　野菜の中でもグルタミン酸が極めて豊富で、世界各国でスープや煮込みに利用される。加熱すると甘味が引き立って複雑な味わいを出し、さらに果肉の色が移るため料理の色も良くなる。生のものは完熟に近いものが理想。水煮の缶詰や水煮を煮詰めたピュレも便利。

きのこ　単独で煮出してもだしとして成り立つほどうま味が濃く、エブリシングだしとして重宝する食材。また、えのきだけやなめこは煮込むととろみがつき、舌に滞留する時間が長いのでうま味を感じやすい。

豆　豆は、具としてだけでなくうま味を出す食材としても優秀。乾大豆を水で戻してから茹でた汁にもうま味がある。また、白インゲンやひよこ豆、レンズ豆、レッドキドニーなどの豆は、炭水化物が中心なので、スープなどに入れるとうま味だけでなく、とろみがつく。

豆の新芽（もやし、豆苗など）　意外とだしが出る。中国や韓国では、もやしの茹で汁をだしとして使う。独特の匂いもあるので、蒸し煮にしたり、にんにくなどと合わせたりして使う。

やってみよう

トマトのスープ

シンプルなスープで
トマトのうま味を再確認しよう

材料（2人分）

トマト（完熟）……2個
たまねぎ……1/2個
塩……小さじ1/2
オリーブオイル……大さじ1

作り方

① たまねぎは薄切り、トマトはざく切りにする。
② 鍋にオリーブオイルとたまねぎを入れてしんなりするまでよく炒める。トマトと塩も加えて崩れるまで炒める。
③ 水400mℓを加えて5分ほど煮込み、塩で味をととのえる。

干し野菜　精進料理では、昆布と野菜の乾物を組み合わせてだしにする。干し椎茸はその代表だが、ほかにも切干し大根やかんぴょう、大豆などがある。そのほか、青菜や根菜類も切って干すと、味噌汁やスープに気軽に使える。

香味野菜　セロリやパセリ、しょうが、にんにく、ねぎ類など、主に香りの強い野菜。単独でだしにならなくてもだしの風味を豊かにするので、肉や魚介などの補助的な役割として組み合わせる。セリやパクチーなどは根にもうま味や香りがあるので捨てずに使う。

やってみよう

セロリと牛肉のスープ

香りもだしの大切な要素
苦みのあるセロリの葉は少量を使う

材料（2人分）

セロリ……1本
牛薄切り肉……150g
しょうが……1片
塩……小さじ2/3
ごま油……適量

作り方

① セロリの茎は斜め薄切りにする。葉は3~4枚をざく切りに。
② 鍋に水500mℓとセロリの茎と葉、しょうが、塩を入れて中火にかけて煮立てる。
③ 牛肉を1枚ずつ広げて入れ、アクをすくいとる。塩で味をととのえ、ごま油をたらす。

食材の組み合わせ
おいしさの記憶を重ねていく

「スープにする食材の組み合わせのコツは何ですか？」という質問をよくいただきます。もちろん決まりはないのですが、日々のスープ作りでさまざまな組み合わせを試しました。

まず、私たちが本能的においしいと思う要素に、甘味、塩味、うま味、油脂があります。糖や塩分、油分など命に直結するものは舌がおいしいと感じるようにできているのでしょう。特に油脂がほかの要素と組み合わさると、おいしく感じます。甘みのある根菜に豚のうま味と脂を加えた豚汁は、この４つがバランス良く同居しているからおいしいのです。

味を組み立てるときも、これらの要素が自然に中心になり、そこに香り、酸味や苦み、とろみなど、サブ的な要素を入れて味を足し引きしていきます。

おいしさは非常に個人的な感覚ですが、ここで紹介する組み合わせの法則と、ご自身で体験した味の記憶を重ねると、自分に合った法則が早く見つかると思います。

ステップ1

タンパク質＋野菜1品でスープの骨格を作る

うま味と脂がある肉や魚と、彩りや食感、香りがある野菜の組み合わせは、それだけでスープとして成立します。また、これをスープの骨格にすることができます。

①　鶏むね肉のひき肉を100gほど鍋に入れ、ここへ水を3カップ（600㎖）ほど加えて肉をほぐし、火にかけます。沸騰して出てくるアクをすくうと、鶏だしがとれます。塩を少量加えて飲んでみてください。きっと「うま味」が感じられると思います。

②　そこに長さ5㎝程度に切り分けた小松菜を80gほど加え、火が通るまで加熱します。色味も良くなり、スープらしい見た目になったでしょう。アクが出ていたらすくって、味を見てください。小松菜の香りがスープに移って、味わいもぐっと引き立ったはず。小さじ⅔程度の塩で味をととのえて飲んでみると、食感もあるため、これだけでも十分おいしいスープになります。

これがミニマルなエブリシングだしです。ここにほかの食材や薬味、油などを加えて、だしの味わいにボリューム感を出していきます。

ステップ2

ほかの材料を足してスープとして完成させる

エブリシングだしをベースにして、さらに食材や調味料をプラスすれば、料理としてより完成度の高いスープになります。うま味の強い食材に、野菜やハーブなどで歯ざわりや香りなどのほかの要素を加えると複雑さが増していきます。また、油の選び方もポイント。油の種類によって、あるいは油を加えることで、だしにコクやとろみをつけることができます。スープの「国籍」の方向づけもできます。

ここでは、ステップ1の基本のスープ（鶏ひき肉と小松菜）に2パターンのアレンジを加えてみましょう。

←

Ⓐ中華風スープ
Ⓑ洋風スープ

Ⓐ卵、しょうが、ごま油を足して中華風スープに

すりおろしたしょうがで香りのアクセントをつけ、溶き卵でうま味を加え、ボリューム感を出します。ごま油をたらすと、あっという間に中華風スープの香りに。

さらに、塩を減らして醤油などの発酵調味料を入れると、うま味が膨らみ味わいにも変化がつきます。

Ⓑトマト、マッシュルーム、オリーブオイルを足して洋風スープに

刻んだトマトとマッシュルームを入れて、うま味を足していきます。火が通ったところでオリーブオイルをたらすと、パンにもよく合う洋風スープに。刻んだパセリや胡椒をふりかけても。

オリーブオイルではなく、バターにしてもOK。その場合はトマトの代わりにミルクスープでもおいしいです。

Ⓐ 中華風スープ

Ⓑ 洋風スープ

組み合わせのヒントは定番の料理にあり！

組み合わせを考えるときは「基本のスープ」でうま味を固定して、そこにさまざま追加していくように構成するとわかりやすいかもしれません。豚バラ肉とトマト、あさりとキャベツなど、骨格となる食材を決めて、それに合う1～2種類の食材、油、調味料を合わせていく（もちろん、すべて入れなくて良いんです！　基本のスープだけでも十分です）というやり方です。

そのとき参考になるのが、定番料理の食材の組み合わせ。たとえば、はくさいと豚バラ肉、なすとひき肉、さんまに大根おろしとすだち、トマトとオリーブオイルとにんにく……。自分がおいしいと思った料理の記憶を引き出して、スープの具材として使ってみてください。

定番料理の組み合わせをガイドにしつつ、少し形を変えてみるというのも良い方法です。例えば、「肉じゃが」や「麻婆豆腐」をスープに、「ミネストローネ」を味噌汁の具として考えるなど。こう考えると、作ってみたい組み合わせが思いつくかもしれません。

下ごしらえ

汁物は下ごしらえが8割

具も食べることを前提とするエブリシングだしにとって、食材の下ごしらえはとても重要な意味を持ちます。加熱前の下ごしらえによって、味の引き出され方が違うからです。だしと具にそれぞれどのぐらい食材のうま味を残すかということも含めて、下ごしらえを考えていきます。エブリシングだしにおいては、下ごしらえの段階で、すべきことの８割は終わり！　あとは火にかけて煮込むだけですから。

では、どんな方法があるか、見ていきましょう。

切り方を変えると調理法も味も変わる

肉でだしをとるとき、かたまりの肉と細切れの肉ではうま味の出方が違います。たとえば骨や腱のついた部位は味の要素を出し切るまでに時間がかかるため、大ぶりのままじっくり長く煮込むことに意味があります。長く煮込むことでの褐変反応による色や香りもだしの要素になります。（褐変反応については、120ページからの伏木亨先生との対談トピックになっています。ご興味のある方はぜひ読んでみてくださいね！）

一方、短時間でだしをとりたいときには、細切れやひき肉など小さい方がうま味が出やすく

やってみよう

キャベツの切り方による違い

材料

キャベツ……1/6個
ベーコン……１枚
チキンブイヨン……600mℓ
塩……小さじ2/3

作り方

Ⓐ 大きなキャベツのスープ

① キャベツは串切りで二つに切る。ベーコンは半分に切る。
② チキンブイヨンにキャベツとベーコンを入れて火にかけ、煮立ったら火を弱め、落しぶたをしてキャベツがやわらかくなるまで20分ほど煮る。塩で味をととのえる。

Ⓑ 千切りキャベツのスープ

① キャベツは1cm程の細切りにする。ベーコンも同じ幅に切る。
② チキンブイヨンにキャベツとベーコンを入れて火にかけ、煮立ったら火を弱め、落しぶたをしてキャベツがやわらかくなるまで10分ほど煮る。塩で味をととのえる。

なります。同じ肉でもあっさりとしたうま味で、スープの色も透明に近くなるなど、とれるだしの性質は違ってきます。長く煮込むと肉がパサつくので、短い時間で煮て肉もおいしく食べるのが得策です。

切り方での味わいの違いは、野菜でも同様に考えられます。Ⓐ大きく切ったキャベツとⒷ細かく切ったキャベツの違いを実験しましょう（前ページ参照）。

キャベツは長く煮込むと特有の甘味がだしに溶け出していきます。ポトフなどに入っているキャベツ自体のうま味や甘味はスープに移っていますが、そのスープが再びキャベツにしみ込み、口に入れるとクタクタにやわらかいキャベツとだしが一体となったおいしさがあります。その一方で、細く切ったキャベツをサッと煮込んだクイックスープは短時間で調理が可能。あたたかいサラダといった趣です。ベーコンやハムなどと合わせれば朝食にも向くスープです。

塩漬けにする

かたまり肉は、長時間じっくり煮込むと力強いだしがとれますが、調理前に肉を塩漬けにしておくと、うま味はさらに強まります。塩の浸透圧で肉の余分な水分が外に出るので、使うときにさっと洗い流してから煮始めるとアクが出にくく、すっきりしただしがとれます。同様に、肉そのものも塩の効果でやわらかくなります。ちなみに、砂糖も肉を柔らかくする効果があるため、塩と砂糖を混ぜてすりこむこともあります。

塩漬けは、塩分にもよりますが、重量の2~3%でしたら1~3日、5~7%の場合は1週間程度は保ちます。塩をして、キッチンペーパーなどで包んだ上からラップなどで覆い、冷蔵庫に入れます。家庭の場合、衛生のコントロールがしづらいので、保存は2~3日程度にしておいたほうが良いかと思います。ちなみに胡椒は臭み消しですので、この時点でふっておくと良いでしょう。

野菜も塩漬けにできますが、野菜の場合は塩漬けすることで野菜自体が持つ酵素で自己分解を始めます。さらに、微生物によって発酵を始め、漬物になっていきます。発酵によって増したうま味がだしとして使えます。はくさい漬けや高菜漬けなどをスープに使うし複雑な味わいを加えてくれます。

食材の水分を抜く

肉も魚も野菜も使う少し前に塩をふると、それ自体から少し水分が出てきます。これにより、肉・魚の臭みや、野菜のアクが抜けます。特に、魚の場合は生臭さを取るために必須のステップです。塩漬けと違って、塩をふってから20〜30分も置けば十分です。

果物を煮るときには、塩の代わりに砂糖をふります。ある程度果汁を出しておくことで、水を入れずに火にかけても、砂糖がすぐに溶けてくれます。甘いスープはなかなか作る機会はないかもしれませんが、ジャムやフルーツソースを作るときには有効な手段です。

マリネする

肉や魚をワインや酒、麹などに漬けておくことで、味をしみ込ませたり風味をつけたりします。たとえば、牛ほほ肉の赤ワイン煮込みを作るとき、ワインやローリエなどでマリネしておくと、お肉の芯まで味がしみ込んで、料理としての一体感が出てきます。

マリネをするもう一つのメリットは、食材をやわらかくすることです。漬け地にワインや酢、炭酸水を使うと、pHの変化や酵素の働きで肉の繊維をやわらかくしてくれるのです。たまねぎやまいたけ、パイナップル、麹や味噌なども、肉をやわらかくする効果があります。

加熱
火を制すもの、だしを制す

同じ材料でも火加減で全く違うだしになる！　そこに気づくと味の種類が増え、だしは面白くなります。水から長時間煮出すもの、お湯でサッと煮るもの、炒めたり、焼きつけたりしてから煮出すもの。ここでは、加熱の方法によるだしの違いを実験します。

ところで「うま味を引き出す」という言葉がよく使われますね。だしの場合は、

①食材が持っているうま味などを食材の外に引き出し、水に移す。
②匂いやえぐみ、辛みなど、食材の雑味を消して、良い面を感じさせやすくする。

という二つの意味があります。意外に盲点なのが②。どんなにうま味がしっかり出ていても、苦みが強かったり変な匂いがしたりしたら、おいしさを感じることができません。だしをとるときにアクを取り去るのは、雑味を除いてうま味をしっかり感じさせることが目的です。そんなことを頭の片隅において、加熱の種類を見ていきましょう。

じっくり煮る

単なる野菜の茹で汁と、1時間ぐらいじわじわと煮込んだときの汁は、違うものになっています。たとえば、ブロッコリーは3～4分茹でればおいしく食べられる硬さになります。一方、形が崩れるまで時間をかけて煮込むと、スープにブロッコリーのうま味が溶け出します。ブロッコリー自体がほろほろにほどけるようになってとろみもつき、食べたときの一体感が生まれます。

かたまり肉もじっくり煮出すと良いタイプの食材です。西洋のブイヨンをとるときは、大きな寸胴鍋で4～5時間煮ることによって、肉や野菜からうま味が出るだけではなく、加熱による褐変反応によってうっすらだしに色がつきます。これが、コンソメなどにしたときのおいしそうな黄金色になるのです。

やってみよう

ブロッコリーとトマトのスープ

ほろほろになるまで煮込むと
野菜とだしが一体化する

材料（3~4人分）

ブロッコリー……1株
トマト水煮缶……1缶
塩……小さじ1
オリーブオイル……60mℓ

作り方

① ブロッコリーは茎も含めて小さく刻む。
② 鍋にトマトを手でつぶしながら入れ、ブロッコリー、オリーブオイルを入れ、水500mℓを加えてひと混ぜする。
③ 鍋を中火にかける。煮立ったら中弱火にしてふたをずらしてかけ、25~30分煮る。ブロッコリーがほろほろに煮崩れたら味を見て塩でととのえる。

炒める・蒸し煮する

野菜を焦がさないように、水分を出しながら（汗をかかせるように）炒めるやり方は、フランス料理では「シュエ」と呼ばれます。野菜は炒めることで水分が出てアクや匂いが抜けます。甘さが目立つようになり、おいしさを感じます。

まずはたまねぎやにんにくなど匂いが強い野菜から炒め始め、しんなりしたらほかの野菜をいれます。野菜を入れるときに塩少々を加えておくと、野菜から水分が出やすくなってした味もしっかりつきます。

炒めるのと同じく、野菜のうま味を引き出すのが、蒸し煮です。野菜にオイルと塩をふりかけて少量の水で蒸し煮する方法で、油と野菜から出た水分が鍋で混ざり合って一体化し、野菜をおいしくしてくれます。

やってみよう

ブロッコリーとえびのスープ

野菜のうま味が凝縮
野菜の水分とオイルが混ざってだしの素に

材料（2人分）

- ブロッコリー……1/2株
- むきえび……80g
- 長ねぎ……1/3本
- しょうが……1片
- 塩……小さじ1/2
- 胡椒……少々
- ごま油……小さじ2

作り方

① えびは洗って背ワタをとり、水気をふいておく。ブロッコリーは房に分ける。長ねぎはタテ半割にしてから1cm幅に切る。
② 鍋にごま油をひいてしょうが、長ねぎ、ブロッコリーの順に焦がさないように炒める。えびも加え、色が変わったら水500mℓを加えて煮る。
③ 塩胡椒で、味をととのえる。

焼く（焦がす）

ある日、蒸し煮していた野菜の鍋をうっかり焦がしてしまったとき、もったいないからと水を差してみたら、おいしいスープになりました。「焼き目」がうま味に変わったのです。一般的には褐変反応といわれるもので、ブイヨンを長時間煮たり、フライパンやグリルで食材に焼き目をつけたりすると起こります。

うま味のほかに、焼き目独特の香ばしい香りやおいしそうな色がつくため、わざとフライパンで焦がしたたまねぎや、焼き目をつけた肉の骨などを使うことがあります。人気のオニオングラタンスープは、たまねぎのスライスを飴色になるまで炒めてうま味を凝縮させます。飴色たまねぎは強いうま味があるので、シチューやカレーなど西洋の煮込みに使われます。

やってみよう

焼きブロッコリーのスープ

野菜の焼き目が
水にうま味や香り、色を移す

材料（2人分）

ブロッコリー……1個
オリーブオイル……大さじ1と1/2
塩……小さじ1/2
粉チーズ……大さじ2

作り方

① ブロッコリーを小房に分け、さらに半分に切る。軸も3~4cmの長さに切り四つ割りにする。
② 鍋にオリーブオイルを入れて強火にかけ、ブロッコリーの切り口を下にして入れる。ブロッコリーの両面にしっかり焦げ目がつくように焼く。
③ 水500mℓと塩を加えて沸騰させる。器に盛って粉チーズをふる。

基本の味つけ

スープなどを味見してうま味があまり感じられないとき、塩を少し加えるだけでぐんとおいしくなることがあります。だしと味つけはそもそも別のものではありながらも、切っても切れない関係です。

だしを使った料理の場合、まずは塩、醤油、味噌など塩分をつけるための調味料が必要です。エブリシングだしの味わいをより膨らませる味つけとはどういうものか、考えてみましょう。

塩を適切に利かせる

だしのうま味をしっかり感じさせるのに大切なのが、塩です。塩分濃度によって、うま味の感じ方が大きく変わってきます。

ちょっとキッチンで試してみましょう。かつおだしか無塩のだしパックで４００㎖のだしをとり、そのまま飲んでみます。その後に小さじ½（３g／０・７〜０・８％）の塩を２回に分けて足し、その都度飲んでみましょう。うま味を徐々に感じやすくなったと思います。しかし、さらに小さじ½の塩を加えると、これはもう、飲めないしょっぱさです。

塩分濃度に関しては、一般的においしいとされるのは０・９〜１・０％。家庭のスープや味噌の塩分は０・７〜０・８％くらいです。ラーメンなど油が入ったスープや麺類のスープは塩をもっと強くしないと味が決まりません。だからこそ、味見をすることが大事なのです。

きちんと塩分をつけることがうま味を生かすことにもつながります。とはいえ、だしのうま味は塩分だけで決まるものではありません。甘味や酸味などほかの味や香り、コクなどの要素も関わってきます。塩はとても重要ですが、それだけではないのです。

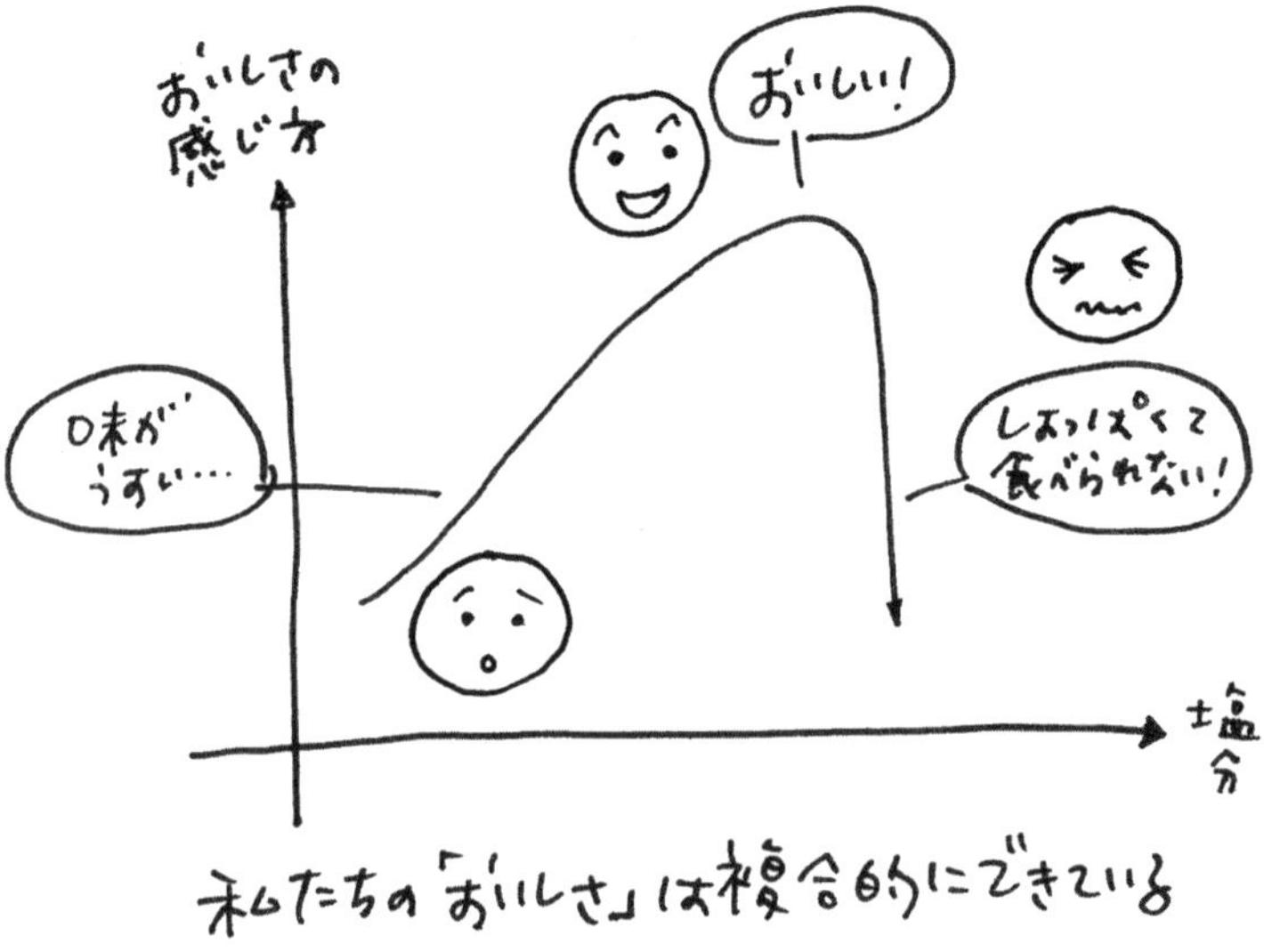

私たちの「おいしさ」は複合的にできている

醤油や味噌などの発酵調味料を使う

塩味のスープと味噌汁を比べると、味噌汁は塩分が多少薄めでもおいしく感じます。また、塩味のスープにほんの少し醤油を使うことでも満足感が上がることがあります。

塩の場合は純粋な塩味がつくだけですが、味噌や醤油などの発酵調味料を使うと、調味料自体のうま味や風味が足されます。こうした調味料も実はエブリシングだしの一部として考えられます。

ナンプラーやしょっつるなどの魚醤は、湯で割ってもお吸い物に近い味が出せるほどうま味が強いものです。塩麴や醤油麴はまろやかさが出るうえ、食材の臭み消しもしてくれます。だしに少しうま味が足りないようなとき、こうした発酵調味料を使って、うま味を補うのは良い方法です。

同様に「塩味＋うま味」という使い方ができるものといえば、これも発酵食品である漬物です。キムチやザーサイなどは塩味とうま味を同時につけつつ、韓国風、中華風の風味を作ってくれます。ウーロン茶にキムチを入れてあたため、醤油などで少し補った飲み物は、二日酔いの朝などにぴったりです。

塩に頼らない味を作る

にんじんをオイルと少量の塩で蒸して水で伸ばしたこのスープは、だしにうま味がたっぷり含まれているわけではありません。でも、少量の塩の効果もあって甘味や香りがしっかり引き立っているため、うま味があるように感じます。同様に、かぼちゃやとうもろこしなど濃い甘味のある野菜のポタージュも、通常の半分ぐらいの塩で作れます。

台湾のスープで「麻油鶏《マーヨージー》」という薬膳スープがあり、塩なしでもじっくり炒めたしょうがの香りと鶏のうま味でおいしくいただけます。

塩に頼らない味つけは少し特殊ですが、食材の甘味や香りを生かすことで、わずかな塩分でもおいしさを作り出せます。

やってみよう

にんじんのシンプルスープ

にんじんの甘味をうま味と錯覚させる

材料（2人分）

にんじん……2本
オリーブオイル……大さじ1
塩……小さじ1/3

作り方

① にんじんは皮をむいて、7~8mmの輪切りにする。
② 鍋ににんじん、塩、オリーブオイルを入れてざっくり混ぜ、水100mℓを加え中火にかける。沸いたら火を弱め、ふたをぴったりして、にんじんが柔らかくなるまで蒸し煮する。途中ふたを開けて水が蒸発していたら加える。
③ 15~20分煮てにんじんがすっかり柔らかくなったら水を足し、塩で味をととのえる。

味をととのえる

料理のレシピを見ていると、最後に「味をととのえる」と書かれていることがあります。ととのえるって、どういう意味？　と思う人も多いのではないでしょうか。

エブリシングだしでも塩加減だけで味が決まればそれで良いのですが、そうでない場合には、ほかの要素を加えて味のバランスをとる必要があります。いくつか紹介しようと思います。

引き算の酸味、足し算の酸味

料理が甘くなりすぎたとき、あるいはうま味も塩味もしっかりあるのにどうも味が締まらないというときに、苦みや辛み、酸味を足すと味が引き立ったり、輪郭がはっきりしたりすることがあります。刺激によって、舌がリセットされるような現象です。この方法を覚えておくと、「なんだか味が決まらないな」というときに手が打てます。

酸味のあるスープは日本には少ないのですが、世界を見渡すと、中華のサンラータン、タイのトムヤムクン、また南インドのラッサムなどをはじめ、たくさんあります。だしのうま味が強すぎたり、油が多すぎたりするとき、酸味を使うことでさっぱりさせる効果があります。

一方、だしそのものがあっさりしている場合、塩を入れても味がぼやけているようなことがあります。そんなときに隠し味程度に酢を入れると、味に複雑さが生まれます。お汁粉に塩を入れると甘味が引き立ちますよね。逆の味を入れることによって、味の輪郭がはっきりします。

だしの味が過剰なときに味を引き算する酢はたっぷりめに使っても良いですし、味を足し算する酢は控えめに使います。

やってみよう

みょうがと鶏むね肉のスープ

酢をちょっと足すことで
うま味の輪郭がはっきりする

材料（2人分）

みょうが……3~4個
鶏むね肉……180g（1/2枚）
塩……小さじ2/3
酢……小さじ1~2
醤油……小さじ1

作り方

① みょうがは縦半分に切る。鶏むね肉は、皮をとって薄めのそぎ切りにする。皮も刻む。
② 鍋を中火にかけ、酢と塩、水500㎖を加えて沸かす。沸騰したら弱火に落とし、鶏肉を一枚ずつそっと入れていく。皮も最後に加える。かき混ぜないように1分半~2分煮たら、皮を残して鶏肉を皿に取り出す。
③ みょうがを鍋に加えて2分ほど煮たら、鶏肉を戻し、醤油で味をととのえる。

とろみも味の大事な要素

とろみは厳密に言うと「味」ではありませんが、味に関わる部分です。片栗粉や小麦粉でとろみをつけたスープは、味つけ以上に濃厚に感じます。とろみをつけると舌に滞留する時間が長くなり、それだけ味を感じやすくなるのです。

片栗粉やくず粉は水溶きしたものを最後に加えます。一方、小麦粉の場合は加熱をしっかりしないと生っぽさが出てしまうので、調理の前半で加えることがよくあります。

パスタやじゃがいもなどをしっかり煮込んだときも、でんぷん質が溶け出してとろみが出ます。また、でんぷんではありませんが、オクラやモロヘイヤ、あるいはえのきだけなど、粘りのある野菜やきのこなどを加えても、全体にとろみが出ます。

やってみよう

きくらげと卵のスープ

とろみをつけるとうま味が舌に
長い時間とどまって味を感じやすくなる

材料（2人分）

乾燥きくらげ……3g
卵……1個
チキンブイヨン……500mℓ
塩……小さじ1/2
胡椒……少々
片栗粉　大さじ1/2

作り方

① 乾燥きくらげは水につけて戻しておく。大きすぎるものは切る。卵は溶いておく。
② チキンブイヨンと塩を鍋に入れてあたため、きくらげを入れて煮る。塩と胡椒で味をととのえる。
③ 片栗粉を倍量の水で溶いてスープに少しずつ混ぜ入れてとろみをつける。溶き卵を少しずつ加えて、ふんわり浮かんできたらできあがり。

香りのあるハーブやスパイスを使う

鶏のだしをとるとき、にんにくとしょうがを入れると中華風に、ローリエと粒胡椒を入れると洋風のチキンブイヨンになります。このように、香りはだしの雰囲気を大きく変えるものです。香りのあるハーブやスパイスには臭み消しの役割もあるので、肉や魚のときは何かしら使うことをおすすめします。

食べるときに薬味を使う、という手もあります。和食では椀物のトッピングを「吸い口」と呼び、さまざまなバリエーションがあります。

臭み消し&風味づけの野菜やハーブ、スパイス

胡椒、ねぎ、たまねぎ、にんにく、しょうが、セロリ、ローリエ、柚子、みょうが、青じそ、青ねぎ、三つ葉、ごま、からし、わさび、七味、山椒など

やってみよう

鶏と和風薬味のスープ

薬味をたっぷり使って
シンプルなだしを引き立てる

材料（1~2人分）

鶏もも肉……1/2枚
昆布……5cm
塩……小さじ1/3
好みの薬味
……ねぎ・みょうが
三つ葉など

作り方

① 鶏もも肉は小さくカットする。昆布と一緒に鍋に入れ、水500㎖を加えて中火にかける。
② 沸騰したら昆布を引き上げてアクをすくい、弱火にして3~4分煮込む。塩で味をととのえる。
③ 刻んだ薬味をミックスしてたっぷりのせる。

コクやうま味のある食材を調味料に使う

エブリシングだしにバリエーションを持たせてくれるのが、牛乳や酒粕など、コクやうま味を足す補助的な食材です。これらは具になるということではなく、調味料でもないのですが、だしに溶け込んでうま味をプラスしてくれるので、味つけを決めるアイデアの引き出しに入れておくと便利なものです。

乳製品や酒粕は加熱すると分離したり香りが飛んだりするので、最後のほうで入れるのが基本。トマトジュースは酸味を飛ばして味をなじませたいので、最初のほうで入れます。トマトピューレ、トマトペーストはトマトの水煮をさらに煮詰めたもので、時短になります。

いつものスープに足してみましょう

ミルクスープ（豆乳スープ）**に**　牛乳、生クリーム、豆乳

粕汁や甘酒味噌汁に　酒粕、甘酒

トマトスープに　トマトジュース、トマトピューレ、トマトペースト

「エブリシングだし」でスープは無限にできる！

ここまで、具を煮てそのまま汁と一緒に食べる、エブリシングだしの考え方とその実践方法をお伝えしてきました。左ページに復習の一覧を掲載しました。

これは、うま味だけでなく風味や食感も含めた「おいしさの出し方」と考えていただいても良いと思います。食材選びやその組み合わせ、具の大きさの違い、煮込み時間、オイルや調味料の工夫……。料理のちょっとした違いで味わいが変化することを覚えると、スープのバリエーションは無限にできていきます。頭で考えたら難しく感じるかもしれませんが、具体例として紹介したレシピはどれも非常にシンプルでしたよね。

エブリシングだしで最も大事なのは、目の前にある食材の力を信じるということです。食材にはそれぞれの個性があります。うま味をたっぷり出してくれるものもあれば、うま味は少ないけれど風味を感じさせるもの、食感が面白いもの。それらはみんなおいしさの要素です。

選んだ食材は新鮮なのか、状態はどうか、量は多いか少ないか。それだけで十分にだしが出ればそれ以上加える必要はありませんし、十分でなければ食材の持ち味を最大限に生かす調理法の工夫をします。それでも足りないときは、だしの素を使ったって良いのです。

だしの本で、だしを中心に考えないというのは逆説的ですが、すべてのものにだしはある、つまり何かしらのおいしさの要素があるというエブリシングだしの存在を信じるからこそ、既存のだし感にとらわれない新しいスープを作り出すことができるのです。

だしと発酵

だしとうま味の話は「発酵」抜きには語れません。人はおそらく最初は偶然に発酵したものを口にして、食品が微生物の働きによって変化し、おいしくなることに気づいたはずです。そのまま食べるのはもちろん、調味料やだしとしても利用してきました。

たとえば、世界中にある「魚醤」は、魚と塩を混ぜて発酵させたもの。どの地域でも古くから使われています。古代ローマではガルムという魚醤が料理の味付けに使われていました。日本の魚醤では、しょっつる、いしる、いかなご醤油などが有名です。アジアにはタイのナンプラーやベトナムのニョクナムがあります。

魚醤はうま味も強烈で、湯で割って飲んでみるとかなりだしに近いものです。めんつゆのように、うま味をプラスする調味料としてとても便利です。

そのほか、魚介の発酵調味料として、中国のオイスターソース、タイのカピ、韓国のアミの塩辛などがあります。

また、小麦や米などの穀類に菌をつけて発酵させる「穀醤《こくしょう》」は中国で生まれました。とくに日本では政治や宗教の関係で肉食が禁じられていた時代が長かったため、味噌や醤油、みりん、酢といった発酵調味料へと独自の発展を遂げます。じっくり発酵させた調味料もまた、強いうま味と香りがあり、料理に深い味わいを加える一助となります。

中央アジアや東ヨーロッパ、中東などでは、チョルバと呼ばれるスープに穀類や野菜の発酵液を使う習慣が見られます。たとえば、ライ麦を発酵させたポーランドの

ザクファス、これもライ麦を発酵させたロシアのクヴァス、小麦のふすまを発酵させて作るルーマニアのボルシュなど。質素なスープにうま味や酸味をスープにつけるための発酵液は、まさに「だし」といって良いでしょう。

動物性の発酵食品としては、チーズやヨーグルトがあります。チーズそのものは固形で食すことが多いですが、ヨーグルトときゅうりを使ったトルコのスープ、ジャジックも東欧から中東に似た料理が多くみられます。

これらの発酵食品だしは、かつお節やブイヨンのように職人や料理人の手で洗練されたものとは違います。自然発生的に生まれ、人々の暮らしの中に根づいたという意味では「エブリシングだし」に近いものを感じます。

いずれにせよ、発酵食品は料理にうま味を加えたいときの選択肢として非常に役立つものであることを覚えておいていただければと思います。

ラボ 02

昆布とかつお節の高貴な香りとうま味

ラスボスだし

昆布とかつお節の合わせだしや洋食のブイヨン。私たちが「だし」と聞いて想像するものは、実は「エブリシングだし」が進化したものです。これらはもともと、家庭で一般的に使うものではありませんでした。食文化が発展する中で生まれたこれらのだしを、料理好きが最後にたどりつき攻略するという意味で「**ラスボスだし**」と名づけました。ここでは、そんなラスボスだしの楽しみ方やつき合い方を中心に考えてみましょう。

Summary

- ☑ 世界三大ラスボスだしは、ブイヨン、湯（タン）、昆布かつおだし
- ☑ ラスボスだしも最初はエブリシングだしだった
- ☑ 日本のだしは独自の進化を遂げた
- ☑ ラスボスだしは料理オタクがはまる趣味の沼
- ☑ 煮干しとチキンブイヨンから攻略しよう

世界の三大ラスボスだし

ラボ1では、食材を煮た名もなき汁に「エブリシングだし」という名前をつけて、だし認定しました。ただ、料理の歴史に「だし」という概念が最初からあったわけではありません。

長い歴史の中で、具材とスープが一体化した「エブリシングだし」から発展し、鍋の中の煮出し汁だけを取り出し、それを料理のベースや味つけに使うようになりました。そしてそこに「ブイヨン／湯《タン》／だし」といった名前がつきます。私たちがいま「だし」と呼ぶ概念の誕生です。

誕生した「だし」は、多くの料理人や職人の手によって、より洗練された味わいを求めて、素材も調理法もブラッシュアップされ、体系化されていきました。「だし」のための具材で、「だし」をとるための調理方法が確立します。そうした「だし」がアジア圏、ヨーロッパ圏の国々で多々ありますが、この本ではとりわけ特徴的な3種類のだしを、攻略が難しい「ラスボスだし」と呼ぶことにします。

私がラスボスだしとしてイメージしているのは次の3つです。

フランスのブイヨン　肉や香味野菜、ワインなどを中心に、長時間煮込んで作る。食材選び、肉や野菜の下処理、香味野菜の使い方などに工夫がある。ブイヨンはスープや煮込みに使うだしで、料理のソースに使う濃厚なだしはフォンと呼ばれる。

中国の湯《タン》　鶏や豚などの肉を中心に、料理によってえびや貝柱など魚介類の乾物を加えて煮る。煮るときの火加減でだしの仕上がりを分けたり、壺蒸ししたりなど、加熱のバリエーションが多い。

日本のだし　乾燥させた魚や昆布を比較的短時間で煮出す。昆布やかつお節などの「だしに特化した食材と使い方」を改良して進化、流通させた。精進料理の発達とともに干し椎茸など植物性のだしも充実。

もちろん、ほかの国にもだしは多々ありますが、この3つは世界の中でも独自の食文化と一緒にだしが洗練され、その国の食に大きな影響を与えているという意味で、ラスボスだしと呼ぶにふさわしいと思います。ちなみにイタリア語のブロードや、英語圏のブロス、スープストックなどは、解釈の多少の違いはあれどブイ

ヨンとほぼ同じものです。
フランスや日本、中国が「美食の国」といわれるのは、「だし」を明確に意識し、進化させ、その使われ方もほかの国に比べてはるかに高度であるからともいえるのではないでしょうか。

これらのだしについては、歴史についても調理についてもすでに多くの文献があります。そのため、この本ではそこは省き、ラスボスだしのとらえ方と上手なつき合い方をお伝えできたらと思います。

彼らも最初はエブリシングだしだった

ラスボスだしは、いわば「究極のだし」ではありますが、だしのうま味成分は基本的にエブリシングだしと大きな違いはありません。

たとえば、ポトフはエブリシングだしといえますが、汁だけを濾したら、簡易なブイヨンと呼ぶことができます。シチューやカレーのベースにもなりますし、肉にかけるソースを作ることもできます。ちなみに、ブイヨンにさらにひき肉や卵白を入れて澄ませた料理が、フランス料理などで出されるコンソメスープです。

日本では精進料理が発展し、植物性の昆布だしや椎茸だしもよく使われました。干し椎茸は鍋で煮出して、椎茸もそのまま一緒に食べることが多かったと想像します。具と汁を一緒に食べるエブリシングだしともいえます。椎茸だしを使って煮ればうま味の少ない野菜もおいしい料理になるため重宝され、干し椎茸はだしをとるための素材として生産され、流通するようになったのでしょう。

このように、エブリシングだしの中からよりうま味の強いものや風味の良いものがだしとして洗練され、ラスボスだしとして確立されていったということがわかります。

日々進化する料理や味覚の変化に合わせて、だしも進化を続けています。魚介のだしや精進だしを中心にしていた日本も、近年では牛肉や鶏肉のだし、トマトやたまねぎなど洋風の食材を使っただしなど、各国料理に対応するようなだしが一般化しています。国境を越えて、こうしただしが私たちの食生活に定着していくかもしれません。

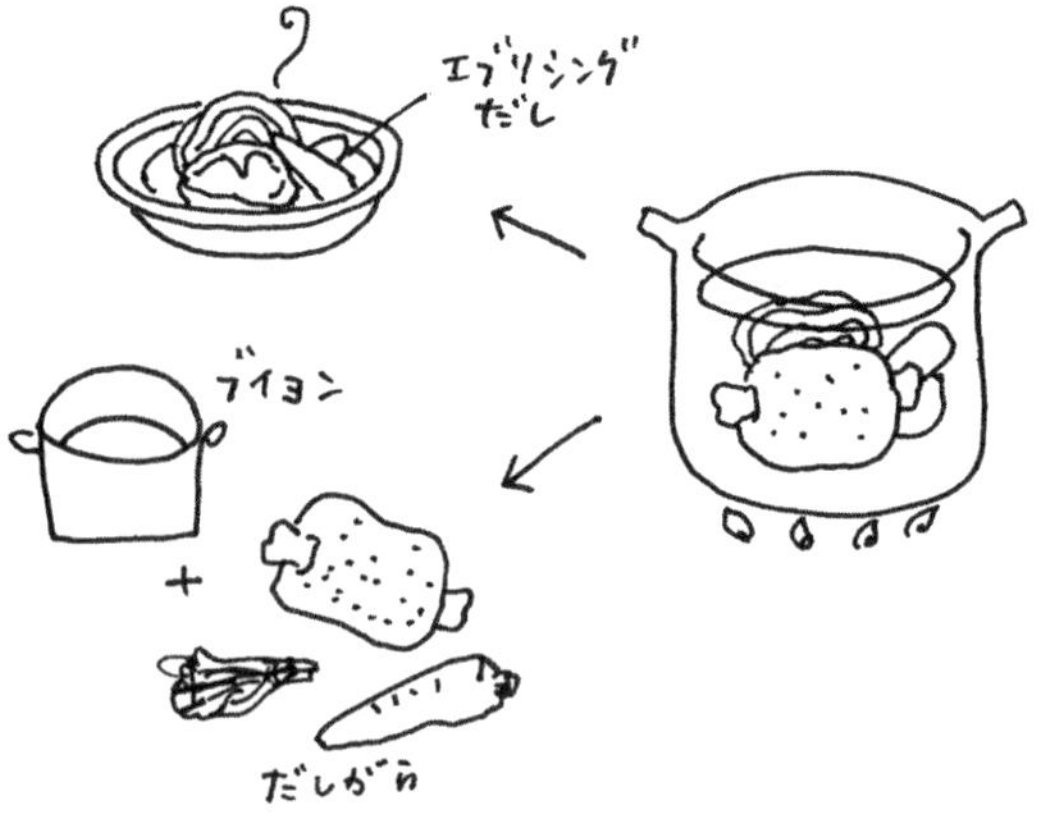

日本のだしはガラパゴス

「ラスボスだしも、かつてはエブリシングだしだった」という話をしましたが、日本の「だし」は、ここで異様な進化を遂げていきます。それが「昆布」と「かつお節」の発見です。

いま私たち日本人が「だし」と聞くとパッと思いつく食材ですが、よく考えたら不思議だと思いませんか？　乾燥した海藻と乾燥した魚……特に昆布に関しては、世界を見渡してもあのような食材（しかもだしに特化！）は見当たりません。これはガラパゴス諸島で生物が独自の進化を遂げたように、日本の食文化が発展する中で「もっとできる」と技術や文化が特化したことでできた、いわばだしの「ガラパゴス現象」といえるのではないでしょうか。

その大きな特長は、①だし食材への加工を施すことで、②だしの抽出時間が短くなるということです。西洋では、大量の肉や骨を長時間煮込むことによって、エッセンスを絞り出すようにだしをとります。中国のだし素材も、肉や魚介の乾物などさまざまな食材を使いますが、ある程度時間をかけて水につけて戻したり、煮出したりしながら抽出します。長時間煮ることで骨の髄からうま味やとろみが出ますし、長時間の過熱による褐変反応によって、おいしそうな色や香りがつきます。

ところが、日本のだしは、昆布にせよ、かつお節にせよ、すぐにだしが出ます。特にかつお節は、魚を燻して乾燥させることによって、香りやうま味を節の中に閉じ込めています。そのことによって、他の国が鍋の中でやっている抽出の時間を前倒しした製品を完成させ、短時間でだしがとれるよう工夫されているのです。世界にもあまり類のない、ユニークなだしのとり方です。また、「枯節」や「本枯節」と呼ばれるかつお節の最高級品はカビをつけて乾燥を進ませることによって、うま味がぎゅっと凝縮され、さらに脂肪分も分解されるため、高貴な香りとうま味のある洗練されただしがとれます。

生臭みも脂肪分もなく、魚のうま味と香りが水にそのまま移ったような黄金のかつおだしは、茹でた野菜にかければおひたしになりますし、塩と酒で少し調味すればお吸い物です。油分が少ないのにおいしいと感じられる日本料理は、だしの力によって作られています。

ラスボスだしはオタクのはまる沼

エブリシングだしとラスボスだしの一番の違いは、エブリシングだしが限られた時間の中で自炊する人たちにとっての実用的なだしであるのに対し、ラスボスだしは料理好きがはまっていく趣味の沼だということでしょうか。

そのままでも食べられるかつおを、切って茹でて燻して、繰り返しカビをつけて乾燥させ、薄く削って湯で煮出す。それだけでは飽き足らず、昆布と合わせてうま味を爆発させた、日本の昆布かつおだし。文字だけ追うと、正気の沙汰ではありません。

オーブンで焦げるまで焼いた仔牛の骨付き肉や丸鶏、何種類もの野菜、ハーブを束ねて作ったブーケガルニを大鍋に入れ、十何時間もアクをとりながらじっくり煮詰めて濃厚に仕上げていく、フランスのフォン・ド・ヴォー。料理人と鍋の根競べです。フランスではなぜか、スープに使うだし（ブイヨン）と、ソースに使う濃いだし（フォン）が作り分けられています。

鶏や豚肉、金華ハムなどの贅沢品をたっぷり使って「うま味エスプレッソ」のようなだしに仕上げ、ふかひれや燕の巣などの高級食材を引き立てる、中国の頂湯《ディンタン》。一般庶民には想像もできないかけ合わせの世界です。料理人や加工食品の生産者が研究と工夫を重ねて味わいを高めていった究極のだしたちは、まさに「だし界のラストボス」と言うにふさわしいでしょう。

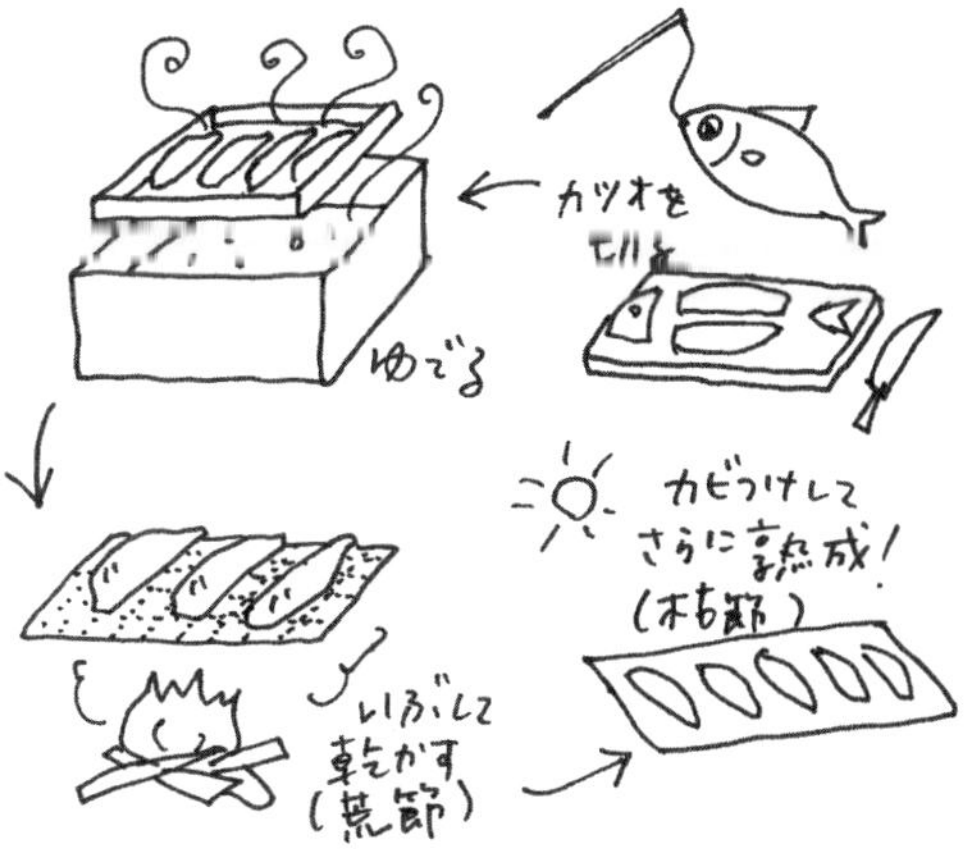

難しさを感じつつ、もっと深いおいしさを知りたい、もっと料理を楽しみたいという人にとって、ラスボスだしの沼は輝いて見えます。だしの世界に引き寄せられた私も、さまざまな昆布や魚の削り節、煮干しなどの味比べをしたり、それらの産地や生産現場を実際に訪ねたり、試行錯誤しながらだしを独学で学んできました。

複雑で奥深いだしを知ることはわくわくする旅のような体験ですし、今も昆布やかつお節で一番だしをとるとき、丸鶏や骨付き鶏をじっくり煮出すとき、ふくよかな香りや透き通った黄金のビジュアルに心躍ります。

世界にはさまざまなだしがありますが、料理人や職人たちがこだわり抜いてきたラスボスだしは、豊かな食文化を背景に美食を求めつつ今なお進化を続けています。味わう価値も、文化的な価値も非常に高いものです。

ラスボスだしの沼に飛び込もう！

安価で便利なだしの素がある現代においては、忙しい日々の食事づくりでそれらを使う意味をなかなか感じにくい人も多いかもしれません。家庭料理は暮らしの中にあるものですから、どの価値観が合っているとも間違っているとも言えません。しかし、だしを贅沢に使った味噌汁やスープのおいしさは格別ですし、ラスボスだしを体験したり、少しずつ取り入れたりすることで、料理が面白くなるということは確かです。ラスボスだしを使ってみたい人に攻略のとっかかりとしてお勧めしたいのが、煮干しだしとチキンブイヨンです。

煮干しは小魚を茹でて乾燥させたもの。もともとは関西で多く使われました。名産地である伊吹島《いぶきじま》は瀬戸内海の島です。関東では歴史は浅く、明治ごろから普及してきました。西日本では「いりこ」と呼ばれています。

煮干しだしの利点は、昆布かつおだしなどに比べて安価であり、そしてだしをとった後の煮干しもそのまま具として食べてしまえるという点。非常に家庭向きだと考えます。味噌汁にするなら5～6尾を鍋に放り込んで、中弱火で煮出せばすぐにだしが出ます。

お値段も、日常で使うにはかなり現実的です。私が使っているものの最安値が16円／10g、最高値のものは62円／10gでした。中心の価格帯は35～40円のものが多いかと思います。

いわしは青魚で魚特有の臭みが多少あり、慣れていない人は頭やはらわたを取って使うと良いでしょう。また、コストは少し上がりますが、昆布をほんの少し足すとバランスの良いだしになります（選び方や使い方は、98ページの「煮干しだし、三番勝負！」をご覧ください）。

鶏のガラや骨付き肉を煮込んだチキンブイヨンは、和洋中問わずさまざまな料理に使えます。カレーやシチュー、里芋などの煮物、炒め物に少しふる、あるいは鍋や雑炊、手作りのラーメンスープにも最高です。

本格的に作りたいときのおすすめは鶏ガラ。大きなスーパーやデパートなら取り扱っているはずです。ゼラチン質の多い手羽先もだしをとるには向いています。さっと洗ってから熱湯をかけて臭み抜きをします。あとは鍋で水から煮るだけ。ねぎやにんにく、しょうが、セロリなど好みの香味野菜を加えて沸かし、アクをとったら火を弱めてひたすら煮込みます。塊の肉よりはだしが出やすいですが、それでも1時間以上煮込むと鶏から味がしっかりと出切ります。強火で煮たてれば白濁した濃厚なスープが、弱火でじわじわ煮出すと透明感の高いスープができます。

煮干しだしとチキンブイヨンはどんな料理ジャンルにも使いやすいため、ラスボスだしを取り入れていく入口として非常に良いと思うものです。これに、さまざまな料理の味を支える昆布を加えると、だしのバリエーションがかなり広がります。

人によって「やはりかつおだしがいい」「さば節が欠かせない」「椎茸だしが好き」など、好みがあるはずです。ラスボスだしはそうした嗜好性を前面に出して選び、思い切り楽しむべきだしの世界だと思います。

やってみよう

鶏ガラスープ

材料

鶏ガラ（首の骨のついたもの）……1羽
※または手羽先……6本
長ねぎの青いところ……少々
にんにく……1片

＊手羽先の場合、1時間以上煮ると味は抜けますが、もちろん食べても構いません。

作り方

① 鶏ガラは水洗いして血などがついていたら取り除く。ボウルに入れ、熱湯を注いで白っぽくなったら湯を捨てる。

② 鶏ガラと長ねぎ、にんにくは皮をむいてまるごと鍋に入れ、水を1200㎖加えて火にかける。煮立ってアクが出たらすくい、火を弱めてふたはせずに1.5時間ほど煮込む。水があまり減るなら少し足して、ガラが少し肩を出すぐらいの水位をキープ。

③ 骨やねぎを取り出し、ザルで濾す。脂が気になる場合は冷ましてから鍋ごと冷蔵庫に入れ、脂が固まったらキッチンペーパーをかぶせてはがすようにとる。冷蔵庫で2日、冷凍すれば1週間ほど保つ。

煮干しだし、三番勝負！

① 下ごしらえでどう変わる？

（左から）
まるごと／頭だけ／頭とはらわたをとって割いたもの

ここを比較！

それぞれ600㎖の水に12gの煮干しを入れて12時間つけたもの。水は軟水を使う。

ここを比較！

12時間水につけた煮干しだしを火にかけ、沸騰後５分ほど弱火で煮出したものを水だしと味比べする。

おいしい煮干しだし、どれがベスト？

まずは水だしで比較。

「まるごとの煮干しは、まろやかさがあってよくだしが出てる」

「煮干し感がちょっと舌に残るね」

「でもこれが煮干しだしらしい」

「頭とはらわたを除いた煮干しのだしはすっきり上品。臭みもなく、逆に煮干しらしさはあまり感じられないかなあ」

風味の強さは、頭＞まるごと＞割いたものの順だが、うま味は割いたものがもっとも感じられる。

一方、加熱すると……

「加熱で煮干しの香りが立つ。やっぱり煮干しだしは加熱したほうがいい！」

「割いたもの、まるごと、どちらも素晴らしくおいしい。とくに割いた煮干しは、塩をふるだけで料理屋のお吸い物みたい」

「頭は加熱すると煮干し独特の魚っぽさ

② 大きさで味が違う？

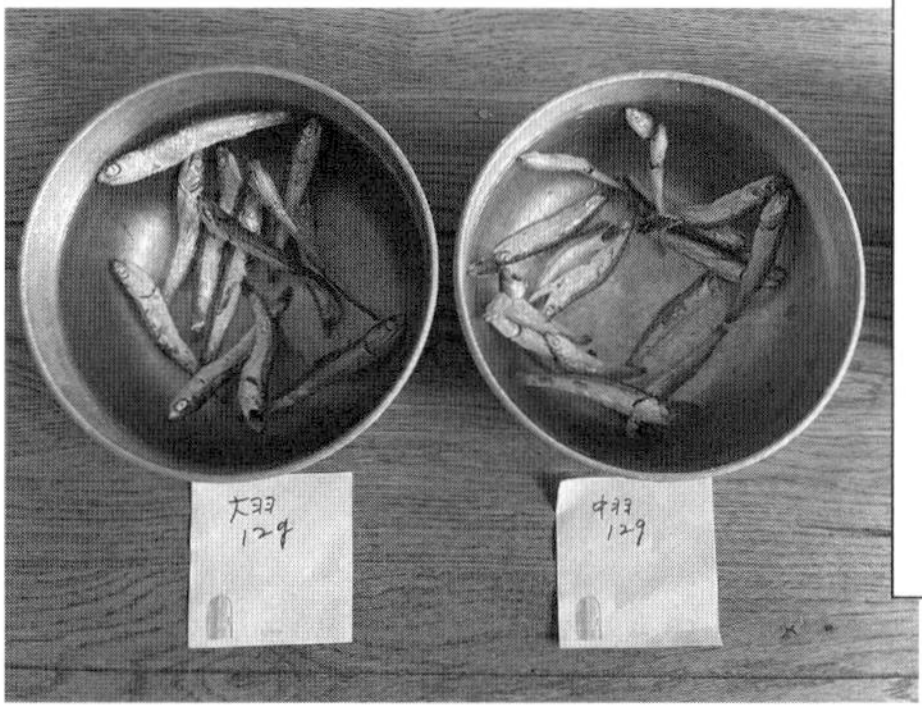

（上）大羽の煮干し 約8~10cm
（下）中羽の煮干し 約6~8cm

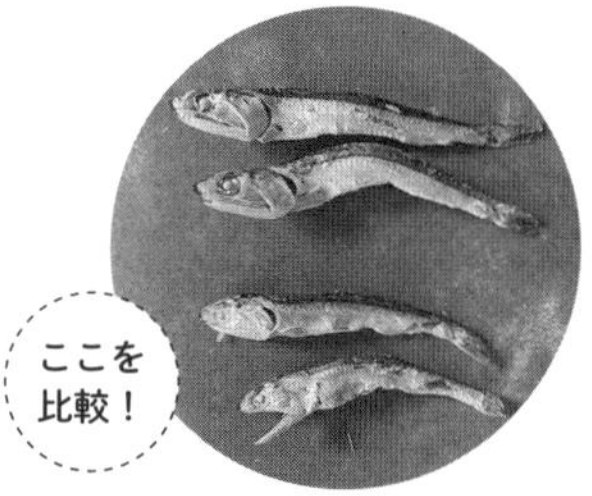

煮干しは大きさによって、小羽《こば》・中羽《ちゅうば》・大羽《おおば》と呼ばれる。だしに使われるのは、主に中羽や大羽。大きさでだしの味がどう違うかを比較。

③ 値段でどれぐらい差がある？

（左）西友「みなさまのお墨付き」の煮干し（170g/463円）
（右）やまくに「瀬戸内海産いりこ(大羽)」（150g/1,135円）

がある。パンチが利くので韓国料理など、料理によって合うものもありそう」

煮干しを買うときに注意したいこと

「煮干しの大きさ、水だしでは意外に中羽のほうがうま味を感じるね。大羽煮干しはやや薄い感じ」

「でも加熱すると逆転するよ。大羽煮干しは濃厚なうま味が引き出されて頭や腹から出る風味や強いアタックも。脂でコクもある。大羽煮干しを買うなら、水につけてから使うのが良さそう」

「値段による差はどう思う？」

「水だしをそのまま味わうと、意外にも値段ほどの差はないね。安いだしのほうが、やや苦みがある程度」

「加熱すると大きな違いがあるよ。特に香り。やまくにのいりこのかぐわしさは特筆もの。西友のだしは、塩を入れると塩が勝ってしまうよね。普段づかいには問題ないけれど」

いりこの旅へ！

香川・観音寺

香川県観音寺市の伊吹島はいりこ（煮干し）の名産地。島の周囲にはいりこの加工場が並び、瀬戸内で獲れるイワシをここに運び入れてすぐに加工する。

洗ったイワシは海水で洗い、そのまま塩茹で。塩水を使うと、浸透圧の関係でイワシからうま味が抜けない。選別してすぐ乾燥室へ。魚の良い香りがたちこめる。

多い日で7～8回、網を引き上げる。獲れたイワシは、運搬用の小舟に渡され、島の加工場へ30分以内に運ばれる。

香川県・伊吹島のイワシ漁

高松駅から予讃《よさん》線で1時間、香川県の最西部に位置する観音寺市は、いりこ（煮干し）の名産地。今回の目的は、船でのイワシ漁を見学させてもらうこと！目的地は、観音寺港から沖に出て約10kmの海に浮かぶ伊吹島《いぶきじま》だ。島の沿岸にぐるりといりこの加工場が並ぶ。島周辺の海で漁を行い、新鮮なイワシを即加工する。6月中頃～9月中頃にかけてのイワシ漁では4艘の舟がチームを組んで、一日に何回も網を引き揚げては小舟で島の加工場へと移す作業を繰り返す。

続けて加工場も訪れた。獲れたてのイワシはベルトコンベヤー式の釜で一気に茹で上げ、乾燥させる。海がきれいな地域なので、海水が使えるのも強み。手作業で運んでいた昔と違って腐敗する前に加工できるため、魚臭さは一切なく、魚の良い香りが立ち込める。内海の良さが最大限に生かされている。

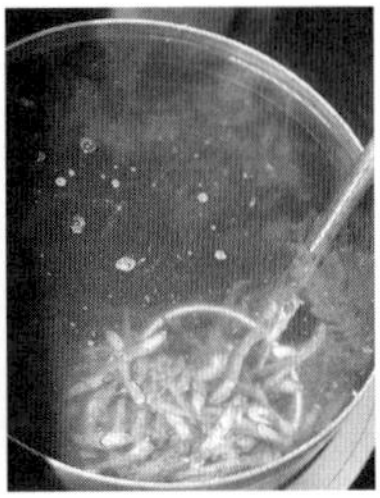

香川といえば、うどん。善通寺市・宮川製麺所のうどんだしは、いりこがたっぷり。いりこも具として一緒に食べる。

香川の郷土料理「まんばのけんちゃん」。煎り豆腐と「まんば」と呼ばれる青菜をいりこと炒め煮る。手に入りやすい野菜で、今も家庭で作られている。

ちしゃもみ。「ちしゃ」はレタスの仲間の葉野菜で、レタスでも作れる。油揚げ、いりこと一緒に味噌あえに。

いりこ入りトマトソースのパスタ。トマトソースを作るときに水につけたいりこをだしと一緒に入れるだけ。トマトといりこの相性が抜群。

いりこは韓国風のスープにも使われることが多い。こちらは牛肉と豆もやしのスープ。いりこだしと牛の合わせだしで。

いりこの炊き込みごはん。

味噌汁だけでなく洋風や韓国風にも！

いりこだしの大きな特長は、だしがらがそのまま具としても食べられること。汁物はもちろん、煮物などに入れるとパンチのあるうま味が出せると同時に、しっかりと噛みごたえのあるいりこが具に入ることでアクセントになる。

香川といえば讃岐うどん。最近は昆布かつおだしも多いそうだが、コシのある麺に香りの強いいりこだしがよく合う。香川の郷土料理には、いりこを使ったものが多い。「まんばのけんちゃん」や「ちしゃもみ」などのお総菜は、煮干しがしっかり味を支えてくれる料理だ。

いりこの魅力はそれだけではない。たとえば、トマトソースに入れると魚の風味がしっかり移ったイタリアンのソースになるし、牛肉と合わせると韓国風のスープのだしになる。「和のだし」という固定観念をはずせば、活躍の幅の広いだし食材として使える。

ラボ
03

粉末だしは画一的？　そんなことない！

インスタントだし

粉末だし、だしパック、めんつゆ……短時間でだしがとれて味がすぐに決まる「**インスタントだし**」は、いまや私たちの生活に欠かせないものになりました。その反面、商品も多く、どれを選べば良いのか迷うという声もよく聞かれます。ここでは、インスタントだしの選び方をだしパックを例に紹介します。またインスタントだしを自分流に使いこなすための考え方についても、一緒に考察していきましょう。

Summary

- ☑ インスタントだしを使うことで、うま味を自由にコントロールできる
- ☑ 粉末だしを使う時は少なめからスタートしよう
- ☑ だしパックは原材料名欄を見て選ぼう
- ☑ だしと調味料が一体化した商品は、忙しい現代人の気分にフィットしている

うま味を思いのままにコントロール

この本を読んでいるみなさんは、普段どんなだしを使っていますか？　だしらぼアンケートで味噌汁を作るときにどんなだしを使っているか聞いたところ、顆粒だしとだしパックで全体の50％を超えていました（32ページ参照）。「インスタントだし」はいまや、忙しい現代家庭になくてはならないものになりました。「インスタント」というと軽く聞こえますが、日本のインスタントだしの歴史は半世紀以上になります。祖母の代から「ほんだし」を3代使っていて、わが家の味であるという方もいます。

インスタントは「即席＝すぐできる」という意味ですが、時間だけを考えれば、そもそも日本のだし素材は、西洋だしに比べれば即席だしのようなものです。ここでいうインスタントだしとは、うま味の原料を加工してより使いやすく製品化されただしを指しています。「すぐできること」に加え、商品ごとに「簡便なこと」「安価であること」「入手のしやすさ」などの意味が含まれています。さらに近年では、だしと調味料が一体化して「これ一つで済むこと」が重視されていくようになりました。めんつゆや白だし、だし入りの液体味噌、鍋つゆなどの新製品が次々と店に並んでいます。

もう一つ、インスタントだしの大きな特性があります。それは、味が決まりやすいことです。エブリシングだしやラスボスだしでは、うま味はだし食材のポテンシャルに頼ることになりますが、インスタントだしには人工的なうま味成分を利用することによって、うま味を思いのままにコントロールできるという点です。安さ、手軽さやコスト以上に、これがインスタントだしの大きな意味といえます。

だし商品が増えた結果、多くの家庭では複数の（しかもかなりたくさんの）だしを使い分けるようになりました。私が子どものころは家にインスタントの中華だしはなく、母は中華料理にも洋風のブイヨンキューブを使っていましたが、いまでは和風だしや洋風ブイヨン、中華風のだしと分かれています。粉末、キューブ、練り、液体など、タイプもさまざまです。使うのは簡単ですが、チョイスと管理は複雑化しています。

粉末だしの適正量について考える

人工的なうま味成分を利用した粉末だしは、「手軽に」「安価に」「ブレなく」「使いたい量だけ」使える、便利なだしとして家庭で広く愛用されています（粉末から使い勝手を進化させた顆粒や固形、練りタイプなどがありますが、ここでは同じものとして扱います）。

味がブレにくいのは、うま味だけでなく多少の塩分や糖類なども入っていることによります。味つけに自信のない料理初心者にとっては非常に大きなメリットです。買うときに多少の目利きや知識が必要な昆布やかつお節などと比べて、大手メーカーの商品がスーパーなどで安心して買えるのも見逃せないポイントです。

その一方で「何を作ってもインスタントだしの味になってしまう」という声も現場ではよく聞きます。だし製品はうま味を加えやすい上、風味が強いものも多く、商品特徴の出た味になりがちです。長所である味の安定性が、裏を返すと「同じ味」になってしまって飽きやすくなるということでもあるのは面白いところ。

食材の味を生かしたい場合、このタイプのだしを使うときはなるべく少なめからスタートすることを私は推奨しています。商品が推奨する使用量の⅓〜¼ぐらいの量を使うのです。素材の味が生かせると、全部がだし味になってしまうということはなくなります。和風だしや中華のだしも同様です。足りないなら少しずつ増やしていき、その結果、やはりいつも使っていた量が良いというのであれば、それが好みの味ということです。

私はよく、粉末だしなどではっきりとわかりやすいうま味をつけた料理を「迎えに来てくれる味」と言っています。それに対して、食材の風味を生かした料理は「舌が迎えに行く味」と表現しています。おいしさはあくまで主観的なもので、味の価値観はバラバラですし、みんながおいしいという平均的な味を見つけてもそれが絶対においしい、とは限りませんが、私自身は家庭においては、エブリシングだしに必要に応じてインスタントだしを補助的に使うような方法が良いのではないかと思っています。

粉末だしの大きなメリットは、後出しジャンケンができること。たとえば味噌汁を作るとき、味見してうま味が足りないと思ったら、そこで初めてうま味調味料を足す、ということもできるのです。これは普通のだしにはできないことです。

ほかの調味料と同じく、うま味調味料も入れ過ぎるとリカバリーが利きづらいものです。塩や砂糖と同じように、だしも慎重に使ってみてください。

だしパック、迷いなく選べますか

粉末だしと並んで大きな支持を得ているのが、だしパックです。ティーバッグのような紙の袋にだし素材や調味料が入っており、数分煮出すだけでおいしい和のだしがとれるという便利もの。家庭でだしパックを使っている方は、自分が使っているだしパックの中がどうなっているか、袋を開けてみたことがあるでしょうか。実はだしパックは製品によって非常に差があります。

だしパックは、選び方が大切です。あまりにも種類がたくさんあって選べないという声も多く、ここではその選び方をお伝えします。

だしパックはまず、二つのタイプに分けられます。それは、天然のだし素材だけでできている「素材タイプ」と、天然素材に加えて、調味料やうま味を添加している「混合タイプ」です。

天然のだし素材とは、ここではかつお節やさば節、宗田節など魚のふし、昆布、干し椎茸などを砕いたり、粉末状にしたりしたものを指します。だしパックを買うとき、袋を裏返してみてください。必ず原材料名が書いてあります。たとえば「かつお節、昆布」とか「さば、宗田がつお、昆布、椎茸」など、だし素材の名前だけが書いてあれば、それは素材タイプのだしパックです。

一方で、そうした素材のほかに、「食塩、糖類、粉末醤油」とか「でんぷん分解物、酵母エキス、発酵エキス」などといった表記が1種類以上あったら、それは混合タイプです。

中でも「酵母エキス」「タンパク加水分解物」「でんぷん分解物」などは見慣れない表記です。文字通り、酵母やタンパク質、でんぷん質などを分解して人工的に作ったうま味物質で、顆粒だしと同じく、これでとっただしを一口飲むと非常に強いうま味を感じます。これらは食品添加物に指定されていないため、「化学調味料不使用」「食品添加物不使用」という表記があっても間違いではありません。ただ、すべてがナチュラルな食材だけで作られていますという意味でないことは、消費者は知っておいて良い話だと思います。

複合タイプのだしパックの一部には、水で煮出すだけですでに薄いお吸い物状態になるものもあります。調理せずに飲んでも「おいしい」と感じ

だしパックには、2つのタイプがある

素材タイプ	・かつお節・さば節・宗田がつお節・あご ・昆布・干し椎茸・煮干し …など
混合タイプ	素材＋《プラス》 ・食塩・糖類・アミノ酸 ・酵母エキス・でんぷん分解物 …など

ます。ある程度調味された強いうま味を求めている人には向いているというわけです。一方、天然素材だけの無添加だしパックは、煮出したものを飲むと塩味もほとんどありませんし、うま味も強烈ではありません。しかし、そのだしで食材を煮たり、醤油や味噌で味つけをしたりして完成したときには、だしが素材を支え、引き立てる料理に仕上がります。

少なくともこの2タイプが区別できるだけで、かなり自分の好みのだしパックを選択できるようになります。その先は使う中で好みのものを探すしかありません。かつお節やあご（とびうお）は上品な味わい、さば節や宗田節などのミックスタイプならパンチ強め、煮干しは味噌汁をよく作る人向きです。

値段については、一概に値段の高いものがおいしいとも言えないようです。品質の良いものを使っているからおいしいというわけでもなく、粉末やチップなどの形状、添加されているもののバランスなどによってもだしの味が違います。

だしパックは手軽に本格的なだしがとれるものもあり、よく味噌汁を作るような家庭にはおすすめです。弱点は、食材が粉末になっているため、酸化が早いということ。密閉容器や袋に入れて冷蔵庫、もしくは冷凍庫に入れておくのがおすすめです。

めんつゆから先、私たちが求めるもの

蕎麦やうどん、そうめんを食べるときに使うめんつゆを、煮物や和え物、炒め物などの調味料やだしとして使うようになったのはいつ頃からでしょうか。めんつゆと醤油の用途や使用量が違うため単純比較はできませんが、１９９０年代にはつゆ・たれの購入金額が醤油を上回りました。いまは、キッチンにめんつゆはあるが醤油はないという家庭も少なくありません。

めんつゆは、かつお節や昆布などからとっただしに醤油や糖類、みりんなどの調味料を加えたもので、保存性を高めるため濃縮してある製品が中心です。そのため、うま味や甘味なども入ったミックス調味料的な使い方ができるわけです。似たものに、醤油にだしを添加した、だし醤油があります。めんつゆのほうが甘味が強めであることが多いようです。

肉じゃが、煮魚、親子丼など醤油ベースの甘辛い味をつける料理、あるいは「やみつき○○」など和え物的な料理のレシピにも、めん

つゆがよく登場するようになりました。和食だけでなく、パスタやサラダのドレッシング、シチューなど洋風の料理に使うケースも多く、調味料とだしが一体化して、料理のベースになっています。

昔は関東ではあまり見かけなかった白だしも、広く使われるようになりました。白だしはだし醤油の一種で、白醤油や薄口醤油などに、だしや調味料を加えて作ったものです。めんつゆより甘味が少なく、さらに色が薄くて料理が綺麗に仕上がるため、より幅広い料理に使えます。薄めて使うとそのまま味もついたお吸い物のだしになります。さらに近年では、だしが完璧に味つけされ、バラエティ豊かな鍋つゆが好調な売れ行きを見せています。

これらはすべて、だしと調味料がオールインワンになったものであり、忙しい現代人の食をサポートするという意味でも、新しい食への好奇心を満たすという意味でも、家庭の食の最前線を表現している商品だと感じます。

少し話がはみ出しますが、実は天然のだし醤油のような存在があります。魚醤です。日本のいしるやしょっつる、アジアではナンプラーやニョクマムなど、魚と塩を混ぜて発酵させた魚醤は古くからうま味と塩味を同時につける調味料として多くの国で愛用されてきました。魚や鶏と野菜を水煮してナンプラーで味をつけると、塩や醤油だけで味をつけるのとは全く違うま味が加わります。簡便にうま味が出るという意味では、魚醤は最古のインスタントだしと言って良いのかもしれません。

便利な商品で味つけを自由にコントロールできるようになったはずの私たちですが、スーパーで棚に並ぶ多くの製品を見ると、味にコントロールされているのは人間のほうではないかと感じることがあります。

蕎麦やうどんのつゆも、おひたしに使う八方だしも、鍋のつゆもすきやきの割り下も、本当は一つのだしから作れます。自分好みのだし加減、味加減を作り出すことが料理の楽しさでもありますが、調味料に頼りすぎるとその楽しみは奪われてしまいます。

だしらぼアンケートの回答には、めんつゆをパスタに使う、だしパックを袋から出して量を調節するなど、インスタントだしの自由な使い方をしている人たちがたくさんいて、便利な調味料を使いこなしながら日々料理をしている様子が見られました。

インスタントだしに頼るのではなく、インスタントだしの力を借りて料理を楽しむことができたら、それは豊かな食といえるのではないでしょうか。

さて、この章では、食材の味を生かした「エブリシングだし」、道を極めた「ラスボスだし」、手軽に味が決まる「インスタントだし」の３つのだしについて考察してきました。それぞれのだしがどのようなもので、何を人に与えてくれるものかをお話してきたつもりです。

３つのだしに順位をつけることが目的ではありません。だしの持つ意味の違いを理解した上で、誰もが自分に合っただしを選んだり使い分けたりできるようになることが、理想だと考えています。

だしパック、どう選ぶ？

数分煮出すだけの手軽なだしパック。
どんな製品の違いがあるか、何を買うべきか。
買い集めた18種以上の製品を試して考察しました。

いろんな視点で比べてみよう！

水色

色の薄いものから
濃いものまで

包材

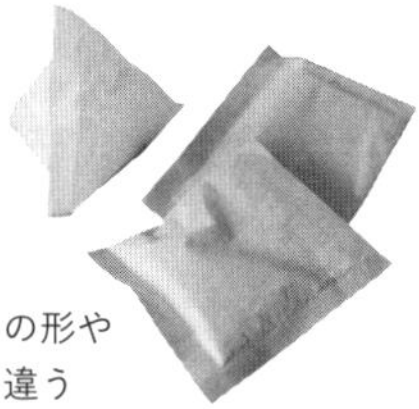

パックの形や
素材も違う

中身

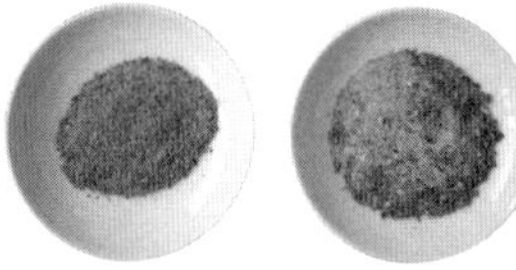

パックを開けて
中身を確認！

18種類
大研究

売り場に行っても、だしパックの数が多すぎて選べない！ そんな人はまず、手に取った製品が、だし食材のみで作られていて調味料の入らない「素材タイプ」か、調味料やうま味が添加された「混合タイプ」を見分けることから始めよう。これはパッケージの裏に書かれている原材料名から確認できる。

今回は代表的な2タイプを選んで比べてみた。だしの味見をした、だしらぼメンバーの声を聞いてみると……

「うね乃の黄じんは、かつおの香りがしっかりする。品がいい」

「そのままだとかなりあっさりしていて、少し物足りないという感じ」

「でも、塩を少し加えたら、ぐんとうま味が膨らんで、味に余韻が生まれる！」

「料理にはこのぐらいが良いかも」

「こちらの兵四郎のあご入りだしは、だしというより完成品のお吸い物に近い」

「色もしっかり濃い。原材料名に『粉末

①素材タイプ？ 混合タイプ？ 原材料で選ぶ

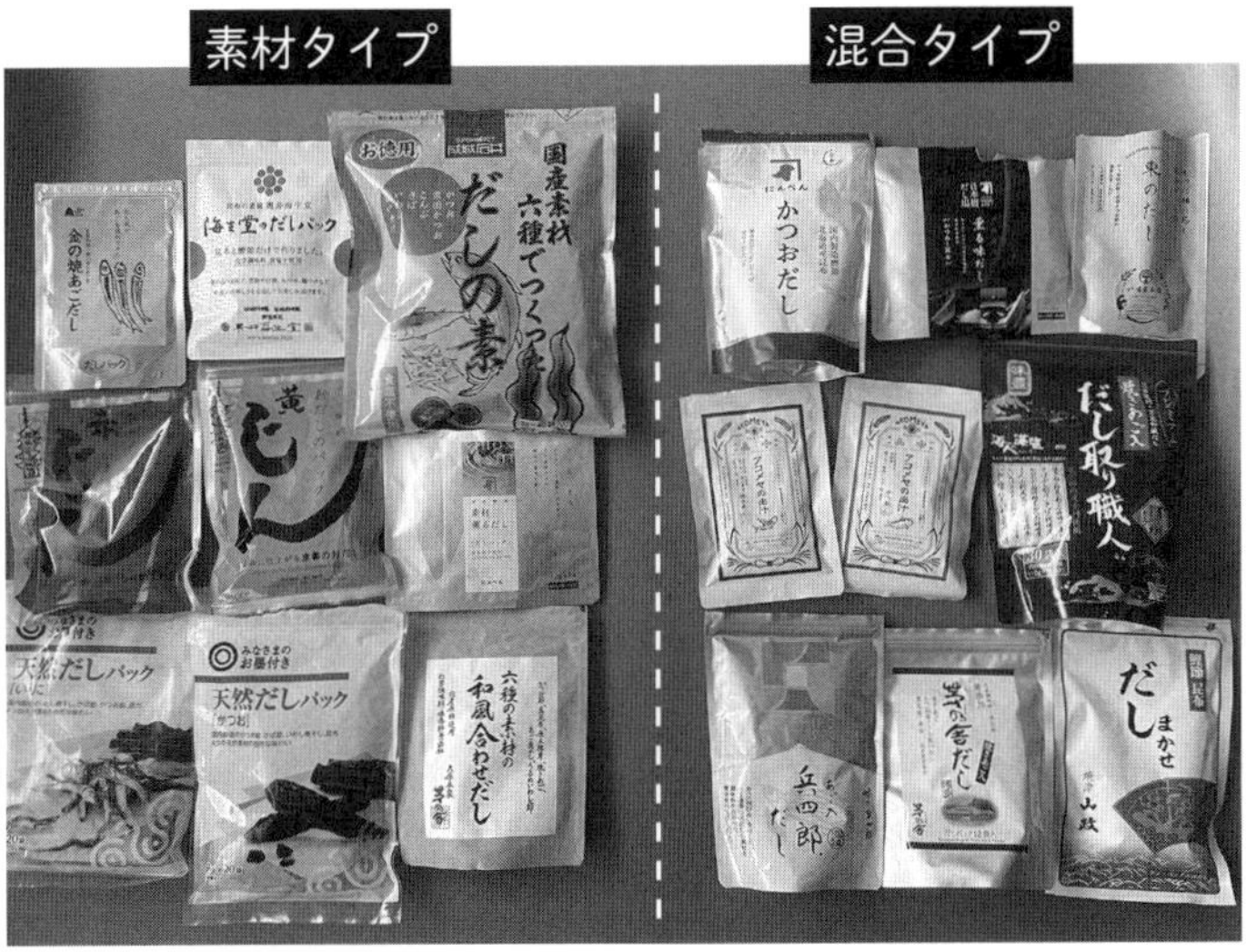

ここでは9つずつ比較しているが、全体としては混合タイプが主流。

名称	だしパック
原材料名	かつおのふし(国内製造)、かつおのかれぶし、昆布、乾しいたけ
内容量	126g(7g×18パック)
賞味期限	枠外の右下部に記載
保存方法	直射日光を避けて常温で保存して下さい

名称	だしパック		
原材料名	食塩(国内製造)、味付さば節(さば節、食塩、砂糖、醸造調味料、ぶどう糖、その他)、糖類(砂糖、ぶどう糖)、醤油顆粒、昆布、焼きあご、干し椎茸、さば節、いわしにぼし、かつお節／調味料(アミノ酸等)、カラメル色素、(一部に小麦・さば・大豆を含む)		
内容量	162g(9g×18袋)	賞味期限	枠外下部に記載
保存方法	直射日光・高温多湿を避け常温で保存してください。		

パッケージの読み方
背面にある「原材料名」に注目！

（上）うね乃「おだしのパックじん（黄）」：かつおのふし、かつおのかれぶし、昆布、乾しいたけなど、だし食材のみで構成。

（下）味の兵四郎「あご入り兵四郎だし」：味付さば節、昆布、焼きあごのほか、食塩、糖類、アミノ酸などの調味料が入っている。

醤油』と書かれています」

「パッケージから出してみると白い粉が見えますね。糖類か、アミノ酸かな」

「塩味はもちろん、ほんのり甘みも。誰にでもわかる強いうま味だよね」

「袋から出せば、調味料にも使えるらしい。チャーハンや野菜炒めの味つけなんかに便利そう」

「塩分が強いから、味噌汁のだしにするときには薄める必要があると思う」

全般的に香り重視なら素材タイプ、うま味重視なら混合タイプという結論だが、混合タイプには製品の作りにかなり幅がある。たとえば混合タイプの「茅乃舎だし」などは、塩も強すぎず、料理に使いやすいおだやかな味わいだ。混合タイプにはほとんどの場合、塩分が入っているため、味つけするときには気をつける必要がある。

②味噌汁に？　お吸い物に？　用途で選ぶ

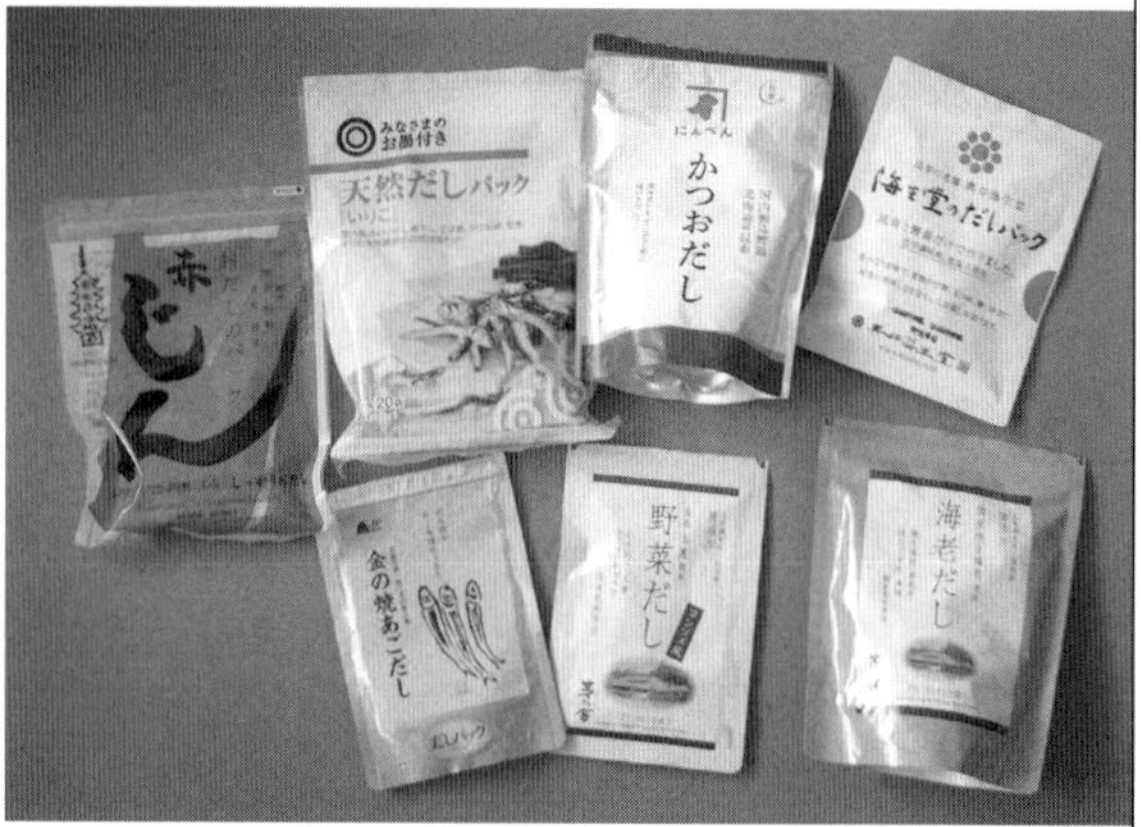

何の味を表現するかはパッケージに書いてある。魚のふし（かつお節やさば節、あご節など）、昆布、干し椎茸がポピュラーな素材。面白いところでは、えびや野菜、漢方系の素材を入れたものも。

定番　**昆布かつおだしはオールマイティ**

昆布とかつお節が中心になっている定番中の定番。
お吸い物、味噌汁、煮物などどんなものにも使いやすい。

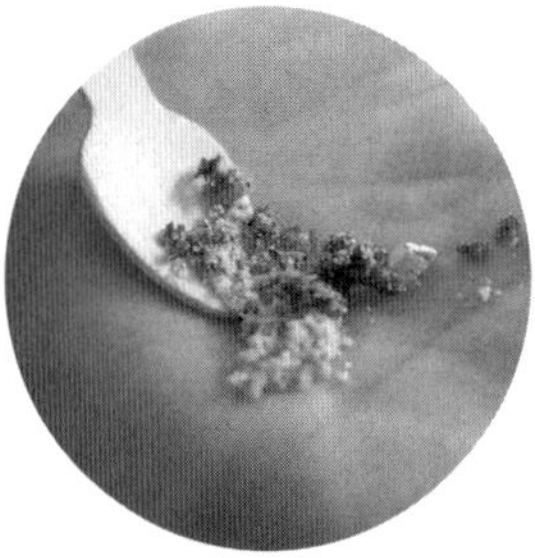

だしパックの多くは、魚のふし×昆布や干し椎茸の組み合わせで作られている。選ぶときには用途も大事だ。

お吸い物にするような上品なだしを求めるなら、かつお節やかつおの枯れ節、あご、まぐろ節など。煮物や麺類に使うパンチのあるだしなら、さばや宗田がつお、むろあじ、いわしなど青魚中心のブレンドを。味噌汁のだしならデイリーに気楽に扱える煮干しも向いている。このように、用途に応じてだしを選ぶほうが料理としての完成度は上がる。

ちなみに昆布や干し椎茸はだしパックではサポート的な役割のことが多く、奥行きや香りをだしに加えている。

メーカーには「こんな味をめざしたい」という思いがあり、それが材料選びやブレンドに表れる。

「奥井海生堂は昆布屋だけあって、昆布の味がしっかりしている」

「にんべんは同じ昆布かつおだしでも、かつおの香りが際立っている」

③日々のだし？ ハレのだし？ 価格で選ぶ

贈答用

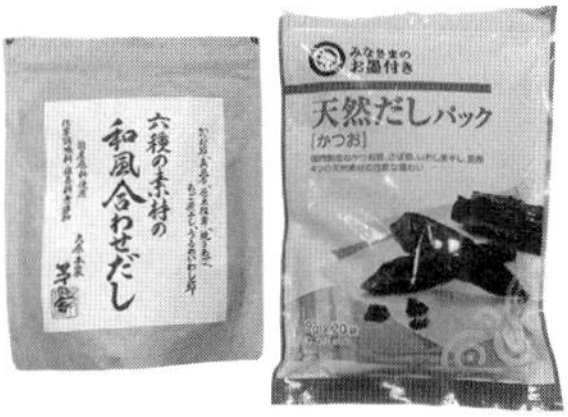

贈答用などに、やや高級路線を狙っただしパックと、デイリーに使う日常のだしパックがあり、前者は高め、後者は安めに価格が設定されている。入っている数が違うので、１回あたりの値段で計算すると比較しやすい。

青魚　青魚は煮物や味噌汁に

さば、いわし、うるめいわしなどの青魚のふしや、煮干しなどは強いだしが出るので、味噌汁やしっかり味の煮物、蕎麦、うどんだしに。

あご　あごだしはお吸い物に

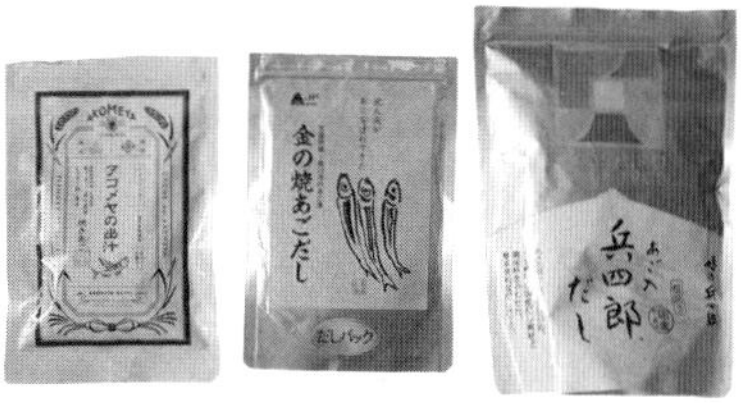

あご（とびうお）は、九州でよく使われる。上品で香りの良いだしがとれるので、お吸い物におすすめ。高級食材のため、少量配合されていることも多い。

同じ材料で違いが出るのがだしパックの面白さだ。

日々使いのものだけに、値段も重要。試しただしパックの中で、１００mℓあたりの値段が最も高いものと最も安いものを比較した

茅乃舎のだしは、かつお節、昆布、椎茸、焼きあご、あご煮干し、うるめいわし節、６種の素材を合わせたナチュラルな構成。

「だしのど真ん中！」

「優等生だね。とんがっていないけれど、とてもおいしい」

西友のだしは味がやや薄めに出た。

「１パックで６００mℓは水量が少し多すぎるのでは？」

試しに１５０mℓで作り、ぎゅっとおたまで絞るとしっかりしただしに。

「濃いめに出すと、さば節が強めの庶民的な味で嫌なクセもなくて、選択肢として十分に現実的だね」

第3章

だし問答

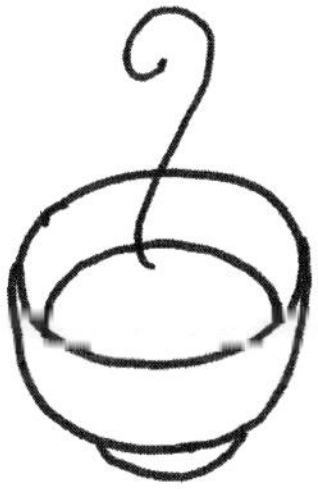

問答
01

味覚って、割といい加減なんです

伏木《ふしき》 亨《とおる》さん（甲子園大学学長）

ご専門である食品・栄養化学の観点からうま味やだしについて論じ、ご著書も多数ある伏木亨先生。「おいしさ」といういわば主観的な感覚を、科学者の目で客観的に表現されています。私がスープ作りの現場で感じる「うま味を引き出すための手法」が、科学でいえば一体どういうことなのか。そのあたりを細かく伺うと同時に、「人が感じているおいしさとは何か？」という根源的な問いも投げかけてみました。

伏木亨（ふしき・とおる）甲子園大学学長、京都大学名誉教授。食のおいしさの研究を通じて、さまざまな企業と共同研究開発を行う。『だしの神秘』『コクと旨味の秘密』など著作多数。紫綬褒章受章。

だしって、むずかしい？

有賀　私は普段、スープを中心にレシピを作る仕事をしているのですが、今回は「だし」の本を出したいと思いました。というのも、私がスープづくりをお教えしたり、「スープのことでお困りのことはありますか？」と聞いたりすると、みなさん口を揃えて「だしがむずかしい」とおっしゃるんです。

伏木さん（**以下敬称略**）　ああ、よくわかります。

有賀　そうした中で、私は「お肉とか野菜からもだしは出ているのではないか」と考えるようになりました。いわゆるだし素材、昆布やかつお節ではないものでもちゃんとだしは出ている。「ブイヨンやだし素材がないと、ちゃんとしたスープは作れない」という誤解を解きたいな、と思ったのがきっかけです。

　先生はうま味の研究をなさっていますが、普段はどんな「だしライフ」を送っていらっしゃいますか？

伏木　私は年末年始に、家族におだてられながら昆布とかつお節でだしをとります。これはいわば「ハレの日のだし」ですね。とはいえ、昆布とかつお節でとるだしって、案外簡単ですよね。プロセスさえ飲み込めば失敗することはないし。

有賀　そうですね。材料が既に吟味されているし。

伏木　ただ「日常のだし」としては、冷蔵庫を開けて入っているもので何とかする、ということが多いです。最近のお気に入りはあさりとお酒、あさりがないときはシーフードミックスを合わせて、オリーブオイルとにんにくとでブイヤベースみたいなものを作ったりしています。パスタのソースにしてもいいんですよね。

有賀　おいしそう！　私がスープ作家としてお出ししているレシピは、まさにそういう感じです。肉や魚などタンパク質の食材と、野菜1～2種類を組み合わせて煮るもので、それに塩味をつけるぐらいの非常にシンプルな構成です。でも、「だしがなくてもこんなにおいしいと思わなかった」と言われることが多くて。これができるようになると、その後、それぞれの冷蔵庫にあるもので工夫できるようになるんです。

伏木　本来、だしとはそういうものだったのでしょうね。

有賀　ベースの考え方にいま話したようなことがあると、ほんとに手軽にできますよね。そういう中でも、ただ煮出すだけでなくてちょっと炒めてみたりとか、塩で漬けたりとか、いろんな工夫をしてきました。こうしたことを経験則で「おいしいだろう」とやってきたんですが、「うま味」という観点からはどう説明できるのだろう、と気になっています。

だしの再定義

有賀　この本を作るにあたり、「だしを再定義する」と言ったらおこがましいんですけれども、ちゃんと考え直すところからはじめようと思っています。まず、だしとは「食材の味や香り、うま味を液体に移したもの」ととらえているのですが、伏木先生としてはいかがでしょうか？

伏木　古典的な本にも、だしの定義として「うま味を持っている食材から水または湯でもってうま味を引き出すこと」と書いてあります。ですから、そういうものがすべてだしであるというのは間違いないと思います。

有賀　よかった……！

伏木　そして、野菜は特にわかりやすいですが、食材には必ず香りがあります。これが意外と盲点なんですよ。というのは、我々、おいしさとか味わいというのは「味覚」だと思っているんですが……実は、おいしさの大半は「香り」ですよ。

有賀　えー！

伏木　授業で学生さんたちにこの話をすると、たいていはきょとんとした顔をするんですが。味覚って、割といい加減なんです。ある程度の枠に入っていたら、そんなに違いは気になりませんよね。

ただ、香りはほんの少しの違いでもわかります。私たちが「あそこの店おいしいね」とか「今日のはいいね」って言っているときはね、必ず口から鼻に抜ける匂いで識別しているんです。舌の上には五味（甘味・塩味・酸味・苦味・うま味）をキャッチする5種類のセンサーがありますが、人間の鼻の粘膜の受容体は400種類ほどあるんです。

有賀　そんなに？

伏木　しかも、鼻から入った情報はすぐ脳に入る。だから、香りの情報は長い間記憶に残るし、変化しないんです。唯一の問題点は、鼻から脳が入るときに、言語化されていないということ。

有賀　ダイレクトすぎて、ということですね。

伏木　はい。複数の香りが組み合わさると、相当な種類の香りが生まれるので、言語化できないというより、他人とその感じ方を共有できない。だから、たとえばワインの世界では「濡れた猫の匂い」とか、なんとか共通語を作ったんです。

有賀　ワインの表現はもう、そのために作られた専門用語ですもんね。そして、味を説明する際の「風味」に「風」という言葉が入っているのは、その香りのことですね。

ちょうど良いところを捕まえる

有賀　私のスープで特に人気があるのが、焦がしキャベツのスープです。キャベツを串切りにして、その断面をフライパンで焦げ目がつくまで焼きます。キャベツがちょっと焦げたようになったところに水を足すと、色も出るんですが、ちょっとしたうま味みたいなものが感じられる。もちろん香ばしさも。生のキャベツをいきなり煮るのとはやっぱり違う、うま味とかおいしさが出るのかなと考えています。

伏木　生の野菜と違うのは、焦げ目がついていることと、焦げるほどの高温状態に置かれたことの二つの要因が考えられますね。科学的にはこの二つは違うことを意味します。

有賀　違うんですね。

伏木　ええ。表面が焦げることと、高温状態に置かれることは別物なんです。まず、焦げ目がつくと食べ物の味が変わるというのは、昔からよくありますよね。コーヒーでも、生豆を焦がすことによって初めてあの香りがします。うまく焦げ目を作ることによって、それまでなかったような風味が生じて奥行きを出してくれている可能性があります。

有賀　なるほど。

伏木　高温状態での変化に関しては、具体的に何が働いているかまでは特定できませんが、温度が高くなると多くのものがさまざまな化学変化を起こします。

有賀　ポトフなどを長く煮込んでいると、液体が少し茶色くなってきますよね。これは高温状態に置かれ続けることでおいしくなっている、と言えるのかなと思うのですが……。

伏木　大体がおいしくなりますよね。そこにある味や香りは複雑で多岐にわたる成分で構成されていて、全く制御できないぐらい多くて、かつ、分析不可能です。一般的には、加熱して褐変すると「コクが出る」といわれます。味が出て、香りも良くなると。

有賀　「褐変反応」という言葉、聞いたことがあります。どういったものですか？

伏木　私がここで言ったものは「アミノカルボニル反応」という、カルボニル化合物（代表的なものは糖）とアミノ化合物（アミノ酸）が加熱により分解したり、重合したりする反応です。全ての反応パターンはまだわかっていないほど、とても複雑なものです。ただし、焦げるとか茶色くなるという現象がすべて褐変とも限らず、カラメル化（糖の加熱による香気の生成）の反応である場合も考えられます。

有賀　糖化と褐変は違う反応なんですね。でも、褐変反応にしても、反応すればするほどおいしくなり続ける……なんてことはないですよね。

伏木　大体において、褐変は行き過ぎたらまずくなります。

有賀　ちょうど良い条件を捕まえることが大事で、加熱さえすればすべてがおいしい方に向かうということはないですもんね。でも、それは感覚的なものでしかない……。

伏木　先ほどのキャベツのスープは、ちょうど良い「焦げ」を捕まえるのがポイントで、やりすぎると焦げ臭くなるなどリスクを伴います。

「コクがある」とはどんな状態？

有賀　先ほどコクの話が出ましたが、「コクをなくす」というか感じさせない方法は簡単で、たとえば、レモンとかおろし大根とかを入れるとさっぱりしますよね。そこから逆説的に、「コクがある」とは、何が入っているかわからない渾然一体とした状態であると感じています。

伏木　我々は多分、コクを介して、「たくさん栄養素がある」という喜びを得ているんでしょうね。「コクがある」ということは、アミノ酸ほか様々な栄養素が入っているということですから。そんな中でも、中心にあるのは油だと思います。

有賀　人間にとって、必要な成分だから？

伏木　「うま味」「糖」「油」は、人間に必要な三大要素ですよね。まずうま味については、アミノ酸が集まってできているタンパク質からのシグナル。糖は血糖値を上げてくれるという意味で、体にとってはラッキーな成分。油は高カロリーで、これも体にとっては大切です。この3つがコクの中心だと思うんです。

　その中でも油はちょっと特殊でね、油があるとなんでもおいしいと思ってしまうんですよ。油に甘みや辛み、塩を合わせたりしてもさらにおいしい。油をとれるという手がかりさえあれば、それはおいしくなりますよね。

有賀　確かにそうですね。たとえばミネストローネを作るとき、先に炒めておくと全体がうまく混ざり合ってすごくおいしくなるんですよ。けっこうな量の油を使うので、あの量を最後に足したら一体感がなくてあまりおいしくない、ということがあります。油を入れるタイミングで味わいが大きく変わるのはなぜかなって、いつも思っているんです。

伏木　動物はね、油をとりたいと思っているわけですよ。そのときに、油が分離した状態よりは食材と一体になった方がおいしく感じるようです。野菜と油、と分かれているのではなくて、にんじんの香りとか、あるいは菜の花のほろ苦さが油と分かちがたく結びついて、いわば（味覚の）手がかりになる。この手がかりが複雑なほど、「おいしそう」と認識しているのかな、と。たとえば、菜の花のちょっとした苦味も、油で炒めるとおいしく感じる。油と合わさることで、苦さも「これもいいよな」というふうに脳の中で変換しているんでしょうね。

味の節度

有賀　日常的に使うだしというものの、程度というか節度について、よく考えます。レシピを作る上でより強い味、より多いうま味を求められることが多くて。節度は必要なのか、それともそういうことを求めることがもう難しいのか……先生はどうお考えですか？

伏木　それは大事な問題ですね。たとえば、油はおいしいし、すごく満足感を与えてくれますよね。じゃあ、油は無限にとって良いのかというと……。

有賀　よくない。

伏木　そう。おのずと体調に不良が起こりますよね。甘いものも、体にとって大事だしおいしい。けれど、無限に食べるとやっぱりそれは問題になります。で、どうやら動物の頭の中は、こんなに「餌が豊富にある」という設定になっていないんですよ。

有賀　肥満の話をするときに、そのような説を聞いたことがあります。

伏木　動物としての人間は豊富な食べ物を前に、想定してなかった状況に陥っているというか、そういう状況を獲得してしまった。その結果として、糖や油をとりすぎてしまう。うま味のとりすぎ……とりすぎとは言わないけれど、うま味に対する過度な執着というか、そういうことができるようになってしまったんですね。

有賀　なるほど。

伏木　とはいえ、糖や油に比べて、うま味のとりすぎは害が少ないと思いますよ。無際限には増えない。そんなにたくさんとれないですしね、くどいでしょう。ネズミの実験で、糖や油、うま味にどれぐらい執着するかということを見ると、圧倒的に油に対する執着が強いです。

有賀　エネルギーとか、生存とつながっているからでしょうか。そう考えると、うま味の立ち位置って面白いですね。

伏木　そうですね。昔は外国の人たちは、不思議なことにうま味というのを理解できなかったんですよね。甘味、塩味、酸味、苦味、うま味の５種類の味を感じるセンサーは、どの国の人にも、子どもでも大人でも、必ず舌の上にあるんですよ。ところが日本の人だけが、多分昆布があったからだと思いますけど、うま味を早いうちから認識できた。アメリカやヨーロッパの人たちは、おいしいっていうのはわかるけれども、ここに「うま味があるからおいしい」という理屈は理解してなかった。理解しはじめたのは、今世紀になってからと言ってよいのではないでしょうか。

有賀　なるほど。たとえば、グルタミン酸で言うと、野菜の中にも多めに入っているものってありますよね。トマトが好きとか、その食生活を見ていると、やっぱりうま味の多いものを食べようとしているのかなという感じはします。トマトとかたまねぎとか、どの国でもたくさん使っているし。

伏木　そうですね。「名前がないから」というのがあったのかもしれません。だから、それまでは「うま味」ということに対してすごく否定的だったんですよ。甘味と塩味の合製品じゃないの、とかね。うま味が科学的に証明されたのは２０００年前後です。

有賀　そんなに最近なんですね。

伏木　舌の味蕾にグルタミン酸の受容体があって、ヒトはそこでうま味を感知していることがわかったと。もちろん、その１００年前には池田菊苗さんが昆布だしを煮詰めて、グルタミン酸を発見して、これを「うま味」と名づけたわけですが。

うま味の相乗効果

有賀　私は普段、食材をいくつか組み合わせてスープを作っているんですが、うま味の強い食材……たとえば肉とか魚、ほかにもねぎやトマト、きのこあたりはすごくうま味が強いと思っていて、スープに入れることでうま味が引き出されていると感じています。科学的には、おいしさがアップする組み合わせってどんなものがあるでしょう？

伏木　一般的には、アミノ酸類と核酸類が共存すると、うま味がぐっと強くなるというのはありますね。

有賀　相乗効果ですね。グルタミン酸はアミノ酸、イノシン酸やグアニル酸は核酸だから、よく言われる「グルタミン酸×イノシン酸」「グルタミン酸×グアニル酸」の組み合わせ。

伏木　この相乗効果というのも、先ほど話に出た池田さんの門下生が発見したそうです。このメカニズムは割と最近になって解明されてきています。舌の上のレセプター（受容体）に、たとえばグルタミン酸を結合させて、タンパク質をX線で構造解析するんです。

　そこでわかったのは、一つのうま味センサーが「核酸用」と「アミノ酸用」の別々の口を持っていて、どちらかが先にくっつくと、センサーが変形して次に来たものがものすごく強くくっつく。つまり、うま味を何十倍にも感じているとわかった。これで、科学的にも相乗効果は存在すると解明されたわけです。それぞれのうま味を多く含む食品は、「うま味インフォメーションセンター」のホームページに一覧が出ているので、それを参照すると便利です。

食感が味を左右する

有賀　切り方一つでも、味は変わってきます。うま味の総量でいうと、たとえば野菜を細かく切ったときでも大きく切ったときでも、差はないはずですよね。でも、感じる味は違う。ものとしては同じはずなのに、大きくゴロゴロと切ったにんじんのポトフと、小さく刻んだにんじんのスープだと、にんじんの味というか、スープに出てくる味が違います。

伏木　まずは組織の外に溶け出しているものと、組織に入り込むものの量は違いますよね。それが一番大きいです。

有賀　味の出入りの問題ですね。

伏木　それから、食感としては口の中にイメージというのがあって。細いものがいっぱいあるときのおいしさと、ザクザクとしたときのおいしさとか、いろんな食べ物の味とテクスチャーを一緒にして覚えている節があるんですよ。たとえば、鶏肉を繊維に沿って切ったものを口に入れてザクザクを感じた。あるいは、自分の大好きなたけのこを食べたときの食感。こうしたことを脳で「おいしかったイメージ」としてとらえていて、食感の持っている何かに対する記憶が共通して「おいしい」ととらえている、ということもあるかもしれないです。

有賀　頭の中に記憶されているもの、そのどれと近いと感じるかで変わってくるんですね。先ほど話した味の出入りにしても、どっちもおいしいですよね。食材の味が残っているのもおいしいし、野菜臭さとか完全に抜けて、そこに別の味が入ってきたのもおいしいし。それぞれ、別のおいしさとしてとらえているのかな。

伏木　（大きい切り方だと）出入りするときに、中身と外が混ざってまた新しい味を作っていますからね。組織の中にまだほろ苦さが残っている菜の花のスープと、もう残っておらずスープに溶け出してほかの要素と渾然一体になったものでは、口の中に入れたときの味、物質のパターン、うま味の総量は違っていると思います。

有賀　そうか。その組み合わせ、パターンが変わってくるということですね。私は、とろみについてはどう思いますか？　私はうま味を感じさせる手段として、時々片栗粉を溶かしてとろみを作るのですが……。

伏木　とろみって、たくさんのものが入っている感が強いじゃないですか。サラサラとしたものは何にも入ってないように感じるけれども、とろみがあるだけで何かがリッチに入っている感じがする。あれは錯覚ですけどね。期待感と錯覚がとろみのコクを作っている。ただ、食感は難しいですね。

有賀　食感の問題ですよね、食材の大きさって。

伏木　皮膚感（触感）の研究は、五感の中で一番遅れているかもしれません。研究しようがないというか、表現しようがないし、どういうメカニズムなのかわかりません。

塩の役割

有賀　塩自体は、ほかのものの味を強く感じさせる作用がありますよね。

伏木　はい。舌の上には味覚センサーが何種類もありますが、塩を全く入れないと味を感じないんですよ。ある程度塩を足していくと、味がだんだん強くなっていきます。

　大体、０・５％ぐらいまで割と直線的に上がっていって、それ以上は塩を足すことによる効果がなくなりますね。足しすぎるとしょっぱくなって、嫌になっていく。

有賀　ある段階までは、塩が濃ければ濃いほど、うま味が強いということになりますね。

伏木　でも、もし塩が溶けてない部分を残している料理の場合、たとえば仕上げにバラバラっとかけている場合は別です。一口ごとに味が変わってくるから。味の変化は大きくて、面白いですよね。

有賀　０・５％というのは、ネズミの話ですか。ヒトがおいしいと思うお吸い物の塩分濃度が０・９から１・０％とか、よく言ったりするので。

伏木　ヒトも同じで、０・５％ぐらいでピークです。以前、京都の料亭さんと勉強会をしたときに、一番だしを持ってきてもらって、大学で分析したんです。塩分濃度を測ったら、ピタッと0・63%か、0・64%でした。

有賀　すごい！

伏木　彼らはきっちり計量しているわけではなく、感覚で入れている。それで、さっきの目安の0・5%からいうと、ちょっと過ぎたあたりですね。

有賀　そうですね。

伏木　聞くと、しょっぱさを足したいから塩を入れているんじゃないって言うんです。「では、なぜ塩を入れるの？」と聞いたら、良いだしをとって飲むと、ふわっと香りが広がりますよね、と。頭の後ろあたりに、ものすごく開放的な香りが広がるんです。そこに塩をちょっとずつ足していくと、それがキュキュキュキュと縮んで、0・5〜0・6%ぐらいで、輪郭がぴちっと決まる部分があるんだそうです。「香りの輪郭」を作る濃度に止めています、と。実際、塩のしょっぱさを感じないですね。

有賀　なるほど！

伏木　そのついでに、いろんなことを聞いたんですね。どういうものが一番おいしいと思っているんですか、とか。そしたら、「障りのないのがおいしい」と。

有賀　障り？

伏木　やっぱり欠点がすごく気になるそうです。油がちょっとくどいね、甘みがちょっと出すぎだね、とか。食材でもにんじんの匂いがちょっと強すぎるね、ごぼうの香りもちょっと違うねとか、いろんなものの欠点がわかるんだそうです、で、その素材を今度は、たとえば、ごぼうだったら水にさらすとか、あるいはお酒に浸すとか、そういう形で欠点を取っていくんだそうです。その後に炊き合わせすると、これが完成品。彼らは、たとえば香辛料とか味つけでもってせずに、なんとか素材の障りを取っていくということを基本的にやっていると言っていました。日本のいわゆる「引き算の料理」とかっていうこともあるじゃないですか。あれは障りをとっているんですね。

有賀 それは極めて日本的なアプローチですよね。私が大根おろしを入れたり、レモンなどの酸味を入れたりすることがあるのも、同じようなアプローチだと思いました。入れた酸味そのものが輪郭になるわけではなく、全体をちょっとさっぱりした感じにさせることで、強すぎる味の輪郭を消しているのだと思います。

伏木 大根おろしなんかも多分そうなのでしょうね。辛い味をピンとつけることによって、脂っこい味がふっと消えてしまうと。

おいしさを決めるのは香りだった

伏木 先ほどの香りの話ですが、一度嗅いだ匂いは何年でも何十年でも覚えているらしいです。

どんな香りだったかまでは、複雑すぎて説明できなくても。

有賀　マドレーヌの一節で有名な「プルースト効果」も、科学的根拠があるって面白いですね。

伏木　動物としては、危険を察知するためにも嗅覚は必要ですし。この香りの受け取り方が変わると、味も変わります。鼻が詰まると、味覚は鈍くなりますよね。

有賀　風邪をひいたときとか、本当に味がしないですもんね。

伏木　そこに匂いの記憶が足されて、トータルとして「うまい」とか「まずい」という判断を私たちはしているんでしょうね。

有賀　おいしさってすごく個人的なものに根ざしているんですね。「絶対的なおいしさ」というものはない。おいしさには無限のバリエーションがあって、だから面白い。

伏木　実は味覚って、そんなに変わらないんですよ。飲み込んでオーケーかどうかぐらいのもんですから。ところが、食材が変わると香りも変わる。その香りがトータルのおいしさにものすごく影響を及ぼしているんです。だから、突き詰めれば食べ物の、あるいは料理のおいしさって、かなり匂いに依拠しているのではないか、と思います。

有賀　なるほど。そして香りが無限のバリエーションを持っていて、味のポイントになっているんですね。大きなヒントをいただきました。ありがとうございました。

問答 02

いま、だしを相対化したほうが良い

小倉《おぐら》ヒラクさん（発酵デザイナー）

発酵デザイナーである小倉ヒラクさんは、発酵研究のための旺盛なフィールドワークから、うま味やだしについても豊かな知見を得られています。人々の日常に根づいてきた発酵文化は、「食材すべてをだし化していく」という私のスープの方法論と共振するところも大きく、料理人や研究者とも全く違う観点で、だしについての話をさせてもらいました。この本で提唱している「エブリシングだし」の名づけ親でもあります。

小倉ヒラク（おぐら・ひらく）発酵デザイナー。「見えない発酵菌たちのはたらきを、デザインを通して見えるようにする」ことを目指し、2020 年に発酵食品専門店「発酵デパートメント」を東京・下北沢にオープン。著書に『発酵文化人類学』『日本発酵紀行』など。

「だしをとる」ではなく「だしはある」

有賀　私はスープ作家なのに、誰からも「だしをテーマに本を作りましょう」と言ってもらえなくて（笑）。もう自費出版でもいいから自分で作ろうと思っていたんですよ。でも、そんなタイミングで編集者さんからお声がけいただけたんです。

ヒラクさん（以下敬称略）　自分が欲しい「だしの本」ってなかなかなくって、だったら自分で作ろうかなと僕もいろいろ調べていました。

有賀　『オッス！食国　美味しいにっぽん』ですね。だしの章もありました。

ヒラク　調べていく中でわかったのは、「ニホンジン、ダシトル？　ウソ」ってこと。

有賀　なんでカタコトなの（笑）

ヒラク　厳密には「だしをとっている」んだけど、昆布とかかつお節は使っていなかった。

有賀　高級品ですものね。

ヒラク　だから僕、いまはだしを相対化したほうが良いと思っています。僕はヨーロッパに住んでいたから、ヨーロッパのだしについては少しは知っていたんだよね。ざっくりの概論だけれど、たとえばポトフは食材を少ない水分でめちゃめちゃ長い時間かけて煮込む。食材の水分ともともとの水を混ぜ合わせるのが洋風だしで。で、日本だしは（だしを）とる時間が短くて水分が多め。そして、その間に「アジアだし」っていう世界があるなっていうのがわかった。ヨーロッパほどコテコテ煮出さないんだけど、食材からうま味を引き出すっていうもので。

有賀　たとえば、どういうものがあるの？

ヒラク　いくつか方法論があるんだけど、僕が面白いなって思ったものは魚介を干して、干したやつを戻して半分具材として食べる。塩漬けにして干して、生ハムみたいにする。中国の西南部とかで、魚や肉でやるんだよね。薄く削いでスープにする。あとは小魚を魚醤みたいにして、お粥みたいなのを作る。要は、スープストック的な洋風だしが「具材の形状がなくなるまで煮込む」一方、日本のだしは「短時間でとって（だしをとったもとの食材は）捨てちゃう」ってことがある。

有賀　アジアだしはその中間。うま味の程度も、割としっかりですよね。

ヒラク　そう、それで日本も昔はこれだったんだろうな、って。

有賀　身欠きにしんとか干しだらとか、そんな感じですよね。ああいうのはすごくだしが出る。

ヒラク　野菜でも同じことがあって。干すか、塩漬け……漬物ですよね、それを味噌汁にして食べる。

有賀　すんき漬け（長野県木曽地方の漬物の一つ）も、蕎麦つゆに入れたりしますよね。

ヒラク　大豆の煮汁もね。でも、いまの昆布とかかつお節みたいなのって、昔は使っていない。だから、昆布かつおはファッションでいうとエルメスからのスタートだよね。

有賀　そうそう！　まさにそうなんです。

ヒラク　有賀さんが出されているレシピ本『スープ・レッスン』って、だしの本ですよね。ちゃんとした料理でハードルになるのは、結局だしじゃないですか。だからこそ、まずは客観化して、「すべてを〝だし化〟する」っていうことを考えたほうが良い。いわば「エブリシングだし」ですよ！

有賀　（拍手して）そう！　そのとおり。「エブリシングだし」って、いい名前ですね。私も常々「すべてのものからだしは出る」って言っているんですよ。果物からだって出るし、麦茶もスープに使える。

ヒラク　「だしをとる」って言い方がそもそもおかしいのかもね。「だしはある」と言いたいよね、「お前の目の前にだしはある」と。

有賀　それ、なんか幸福論みたい。目の前に幸せ（だし）はあるんだよ、と。

庶民のためのエブリシングだし

ヒラク　日本には昆布とかつお節のようなだしと並行して、郷土料理的な世界観、エブリシングだしがある。

有賀　うんうん。

ヒラク　その、日本のエブリシングだしは、基本的にはアジアだしの一種だなと感じているんですよね。特に、地方のお料理。東北に聞き取りに行ったとき、お母さん方に聞いたんだけど、ぜんぜんだしを使わないわけですよ。きのこと山菜をぶち込んで、みたいな。でも、栄養的に見ると、「これはだしをとったのと（成分的には）一緒だよね」みたいな状態になるので。

有賀　ほんとにそうですよね。

ヒラク　関東だと、煮干しも明治くらいにやっと作り始めたみたいで。いわしが取れすぎて余っていたのを干してだしにしたと。

有賀　煮干しは農家さんの副業だったようですね。昆布も、江戸時代あたりまではあまり使っていなかったみたいです。

ヒラク　なぜかというと、江戸中期〜後期になるまでは江戸への海運があまり確立されていなかったからなんですよね。日高昆布って、太平洋を下る「東廻り航路」っていうのが発達して、ようやく本格的に流通されるんですよ。太平洋ってむちゃくちゃ潮が荒いので、船が難破するんです。江戸に行きたかったはずの船が、八丈島か、ひどい場合だと高知まで流されたという資料がある。

有賀　それまでの北前船は、日本海を船で回って、北陸を経て、大阪で終了。そこから今度は東廻りで江戸に運んだんでしょう。

ヒラク　だから、裕福な階層以外では昆布はそこまで使われていなかったんだろうなって感じはします。鍋に具材と水を入れて煮出すようなものが「庶民だし」だったんでしょうね。

有賀　庶民のだし、つまりエブリシングだしがアジアのだしに近いという話ですが、アジアのだしってどういうものですか？

ヒラク　海辺だと煮干しとか魚のアラみたいなの、それから漬物もだしとして使われますね。日本でも、山間地では冬の時期、秋口に漬けておいた菜っぱの漬物を使ってだしをとる。すごいうま味が出るんです。

有賀　すんき漬けだと、塩は入れないんですよね。

ヒラク　冬に冷え込むエリアで、雑菌が繁殖するような温度ではないからでしょうね。また、四国の海沿いにはお茶をだしにする文化があります。あの辺には阿波番茶とか碁石茶とかあるんですけど、特に水質があまり良くないところは茶だしを使っていた歴史があります。

有賀　ね。あと、やっぱりきのこかな。干し茸みたいにして乾燥させてもいいし、きのこは生のままで煮てもだしが出てるってすぐわかる。

だしをとるときに何が起きているのか

ヒラク　エブリシングだしの場合、具材とだしっていうものが限りなく曖昧なわけですよね。でも、和食だしって、その出したものはもう食材としては使わないわけですよ。

有賀　山間部とかのいわゆるエブリシングだしは、アジアだしと同じように具材としても使うものがほとんど。そういう意味で言うと、西洋も、例えばブイヨンが生まれるまでは具と汁を一緒に食べていたわけだから、同じなんですよね。で、フランス人の一番の発明が、汁と具を一緒に食べていたものから、あの汁だけを分けてだしにしたっていうことだと思う。それをさらに煮詰めてフォンにし、ソースにしたということ。それが一番の「違い」なんだけど、そういうブイヨンはエブリシングだしと地続きにあるというか、根っこは「同じ」なんですよね。

ヒラク　僕らがいま知りたいのは、たぶんエブリシングだしの「構造」なんだよね。

有賀　そうなんですよ。でも、人は「だし」と聞くと、だし界のてっぺんの昆布かつおだしを想像しちゃう。エブリシングだしをどうとらえて良いかわからない、というのもあるのかも。

ヒラク　学術領域で研究されている伏木先生みたいに、科学的にやったらいいんじゃないかと思ったけど……思ったけど、でもガチむずいっていう。

有賀　そうなんです！

ヒラク　そこをどうアクセシブルにするか、というか。これに関しては、アミノ酸に分解するってことは言えるんですよね、方法論として。人間の味覚受容体って、分子サイズがでかいと、あんまり働かないんですよ。

　タンパク質が分解されて、分子サイズが細かくなるとアミノ酸になるわけです。タンパク質を舌に乗せても、そんなにおいしいとか思わないですけど、アミノ酸を乗せるともともと同じものなのに、細かくなっただけで「うまっ」てなる。

有賀　なるほど！

ヒラク　それがなぜなのか、まだよくわかってないですけど。ま、そんなに精度が良くないんでしょうね、その味覚受容体っていうのも。だしをとるっていうのは、基本的には「栄養物質を水に抽出している」ってことは言えそうです。

有賀　ただ、キャベツをただ水にぽちゃんって落としても、だしにはならない？

ヒラク　そう。そこに熱をかけると、加水分解されていくそうです。それが甘味とか、アミノ酸のうま味とか、分子量が少なくて味覚が働きやすいものになっていくという？

有賀　むずかしい……いや、かなり噛み砕いて言ってくださったし、イメージはわかる。でも、これを説明するのは難しいね。

ヒラク　味覚受容体を刺激するバリエーションがすごくいっぱいあって。もう超根源的に突き詰めていくと、「分子量の低い栄養物を抽出する」っていうことは言ってもよさそうな。

だしと発酵

有賀　だしと発酵調味料を結びつけたら良いのかな、ということも考えていて？

ヒラク　「発酵」というのはいったい何なのかっていうと、「分子量を小っちゃ〜くする」ことだと僕は考えています。もうなんか身も蓋もない話だけど、分子量が小っちゃいと味覚が働くんですよ。僕はいつも、「分解」と言うときに（手をハサミにして）チョキチョキやってる。

有賀　ハサミのように切って、分子量を小っちゃくするんだ。

ヒラク　そう。だから、だしと発酵で同じことをやっている。ただ、だしの場合は、熱とか、水分量の変化とか、そういうものを使って、細かくなった栄養物質を液体の中に移しているわけですよね。

有賀　抽出、みたいな感じですよね。

ヒラク　で、発酵食品っていうのは、もう食材自体を分解して、小っちゃい分子の詰まったものにしちゃうと。プロセスは違うけれど、分解という意味では同じなのかも。やっていることは同じなんですけど、アウトプット先が違う。

有賀　面白い！　発酵食品とスープは同じことをやっていたっていうのが……ちょっと、これ、なんだろう。

ヒラク　刺さる……刺さりますね、はい。僕もいま、すごいなんか燃えてます！

香りを求めて

ヒラク　一方で、日本のだしらしさとか日本ならではというと、昆布なんですよね。

有賀　あ、やっぱりそうか。

ヒラク　日本のだしって、イコール昆布と言っていいぐらいのレベル。

有賀　え、それはどういうところから？

ヒラク　いろいろ調べた結果、昆布のみが日本において独自の文脈から生まれていると思ったんです。昆布とかつお節って、いまはセットで使われているけれど、ケースとしては全然違う。かつお節は、魚の生ハムの一種と考えると、ほかにもある。

有賀　うん、それはわかります。

ヒラク　そもそも、だし用じゃなかったんですよね、昆布って。食べる用。つまり縁起物だったので、武士が出兵する前とかに食べたりしていた。「よろこぶ」と掛けたりして。

有賀　なるほど。

ヒラク　江戸時代に入って、昆布を煮出してだしをとるっていうのが出てくるんですけど、これって大陸の影響を受けてないんですよ。日本の食文化ってほとんど大陸の影響を受けているんだけど、昆布だけは100%オリジナル、日本の方法論なんです。だから、日本のだしの真髄っていうのは、昆布に全部入ってる。それで、昆布かつおだけが特権的に日本のだしとして残ったのかを考えたんですが……日本のだしって、やたら「香り」がいいんですよ。

有賀　香りか〜。

ヒラク　アジアだし、洋風だし、和食だしで比べたときに何が違うかって言うし、日本は香草類を使う文化があまり発達しなかったので、だしに香りを求めるんです。で、そのときに昆布がばっちりハマったんですよ。

有賀　昆布の香りを使った、と。

ヒラク　そう。昆布って、アジアだしよりも圧倒的に香りが良くて。洋風だしとかも香草は入れているものの、だし自体から香りを出すっていう考えじゃないですよね。

有賀　むしろ、肉からだしを出すとちょっと生臭くなっちゃうから、それを消すぐらいの感じですもんね。

ヒラク　だし自体に香りを求めているって状況が結構異常なんですよ。アジアだしも味を重視していて、日本ほど香りを求めてない。一方で、昆布かつおだしって、異常に香りが良いんですよ。爽やかな、花開くような香りがする。日本人は香りも好きだけれど、強い香りのある食材やハーブを料理にはそんなに使わないじゃないですか。使うとしても、穏やかなものが多い。ミョウガとか、薬味的なものとか。

有賀　それも、「だしの香りを生かすため」って考えると腑に落ちます。

昆布かつおだしは変態的？

ヒラク　ミニマル好きなんだよ、つまり。「後から入ればいいじゃん、なんかいい匂いのものを」とは思わなかったんだよね。

有賀　その考えだと、最初からあるものを損なわないようにする「だし道」を極めていっているよね、すごく。

ヒラク　西洋のだしは、そもそもの素材を変えることでいい香りにしちゃうというか、いろいろなものを入れて一つの香りとか風味を作っていく。それって、なんかワインと日本酒の関係とも通底するものを感じるよね。ワインはブドウをタンクに入れて、ぶくぶくって発酵させてワインになる。でも、日本酒って米が良ければすべて良いってわけじゃなくて、職人の技術の結晶としてできてくる……というのと、なんかちょっと似ていて。なんかこう、あるものを入れてぐつぐつ煮ていく西洋のスープと、そもそもの素材に職人的というか、すべての知見と技術を突っ込んで作り上げていく日本のだし。

有賀　日本のだしは、実はとってもインスタントだしですよね。ブイヨンを作ろうと思ったら最低でも6時間くらいかかるのが、かつお節なんかぱっと入れて30秒とかでとれちゃうわけだから。

ヒラク　そうですね。あと、和食だしの特徴として、粘性が超低い。

有賀　さらさらですよね。

ヒラク　水みたいな状態で、香りがめちゃくちゃ良い。そこをなぜか異様に目指していたという。

有賀　しかも、できれば色も付けないって。

ヒラク　変態か！　お前ら変態だろう。水のようだけど、めっちゃ香ってめっちゃうまいみたいな。なにやってんの、みたいな感じですよね。

有賀　（笑）そうか、昆布とかつお節は変態的、マニアックな世界なんだね。それに対して、エブリシングだしは考えさえわかればだれでも結構楽しめる。だからまず、そこからやっていったら良いという。

ヒラク　そのうえで、最終的には昆布かつおだしまで行ってほしいよね。「よし。じゃあ、日本の変態だし、やってみよっか。ここまで来たら、鍛えられているからわかるだろう、このすごさ」みたいな。「最後の知恵を授ける」みたいな。

有賀　うん。この昆布かつおだしの香りというのは、ウルトラCじゃないけど、ひねり技だなって実感しました。

スープと不可分なエブリシングだし

ヒラク　エブリシングだしの世界、楽しそう。うん、楽しいぞ。この技術さ、使いこなしたら絶対楽しいっすよね。

有賀　楽しいと思います。

ヒラク　すごく重要なこととしては、エブリシングだしはスープ以外ではできない。

有賀　え、なんで？

ヒラク　だってほら、液体に抽出しなきゃいけないから。だから、エブリシングだしはスープとセットになっているんですよ。

有賀　そうか！

ヒラク　エブリシングだしの概念が汁物とセットである、スープと不可分になってるということに、いま気づいた。

有賀　たしかに。何か、水に抽出しないといけないですよね。

ヒラク　発酵食品の場合だと、固形になっちゃう。たとえば、チーズとか食べてうま味を感じられるんだけど、エブリシングだしの場合は、必ず液体が一緒にないとだめで。そこにちゃんと「うま味が移っている」ということが重要。

有賀　それは弱点でもあって。たとえば、「これって、そのまま食べたほうがおいしいよね」というものもいっぱいあるんです。うま味が濃く感じられるから。子どもでも食べられるとか、消化が良いとか、スープに向いている面もあって、バーターになっていると言うべきかな。

ヒラク　そこでやっぱり、概念が分化するわけです。面白いなあ、いつまでもしゃべっていたい……本が出たら、また話しましょう！

有賀　ぜひ！　今日はありがとうございました。

問答
03

風味や香りをより追求する時代へ

味《あじ》の素《もと》株式会社（村瀬健哉さん／井上直恵さん）

１９０８年、日本で初めて「うま味」の存在が発見され、その翌年に「味の素」が誕生しました。以来１１５年以上にわたり、味の素株式会社は日本の食卓を研究し、さまざまな調味料を世に送り出してきました。日本人にとっての「うま味」や「おいしさ」の基準を作ってきたともいえるでしょう。家庭の食卓の最前線で、人々の嗜好や料理を取り巻く環境を見てきた方々に、現代的なおいしさをどうとらえ、それを商品にどう生かしているか、伺ってきました。

村瀬健哉（むらせ・たけや）食品事業本部調味料事業部風味調味料グループ兼新領域グループ、マネージャー。B2B向けマーケティングやベトナムでの海外経験を経て、現在は和洋中だし領域のマーケティングや海外事業支援を担当。
井上直恵（いのうえ・なおえ）食品事業本部調味料事業部風味調味料グループ、食品R&D部門での商品開発を経て、現在はだし関連製品の開発マーケティングを担当。

多様化する嗜好性

有賀　この本を作る際に、事前にアンケート（32ページ参照）を取ったんです。味の素さんに伺った理由の一つが、そのアンケートで「よく使うだし」を聞いたところ、多くの方が「ほんだし」と答えたからです。「インスタントだし」ではなく、商品名そのものでの回答なんです。根強い人気ですね。

村瀬さん（以下、敬称略）　ありがたいですね。多くは味噌汁用に、そのほかは煮物やおでんなどに使っていただいています。ただ、「ほんだし」の使われ方は時代とともに変化しています。たとえば味噌汁であれば、栄養があっておかずにもなる、具がたっぷり入った味噌汁が増えてきていたり、簡便性が評価されてインスタント味噌汁のマーケットが伸びているんですよね。

有賀　だし入り調味料が増えていますものね。お家で和食を作る機会も減っているのかな、とも感じます。私たち料理家に求められるものも純和食の煮物とかではなく、もうちょっと洋風に寄ったものとか、中華とかエスニックとか……。

村瀬　そうですね。私たちも和風は「ほんだし」、洋風は「コンソメ」、中華は「丸鶏がらスープ」などそれぞれのカテゴリーで商品を持っていますが、最近では特に顆粒タイプの「コンソメ」や「丸鶏がらスープ」が伸長しています。スープ以外にも「野菜と和えるだけでさっと副菜の一品ができる」というようなコミュニケーション（提案）をしていることも、広がっている一因かなとは思います。

有賀　レシピを作っている側の感覚としては、日本人のうま味に対する許容上限が上がっているというか、うま味をより求める傾向にあるのかなという印象があるんですが、そこについてはどうお感じですか？

井上さん（以下、敬称略）　個人的には、うま味の許容量が上がっている感覚はあまりないです。うま味を強めているというよりは、多様な風味を求めるようになってきているという感じがしています。コロナ禍で香辛料やだし素材の入ったフレーバー塩が売れたのですが、風味のバリエーションが増えてきていて、料理によって風味を選択して合わせているのかな、というのが肌感覚としてあります。

村瀬　よく言われるように西と東の嗜好性（好まれる風味やうま味のこと）も違いますが、現在は味の好みが多様化しています。日常的にさまざまな食文化が入ってきて、外食も増えている中、おいしいと思う味噌汁の味や風味が50年前といまでは変わってきているのかもしれません。

有賀　味わいの上では、「ほんだし」はどう変化しているのですか？

村瀬　（パッケージを指差して）こちらに「おいしさ決める　3種のかつお節」と書いてあります。「ほんだし」って、見た目は粒なんですけど、実は粉末のかつお節がきちんと入っていて、しかも当社独自で開発しているかつお節を3種類ブレンドしているんです。

有賀　ブレンドすることによって、複雑になっていく感じですか？

村瀬　複雑にするというよりは、香り・味わいの特長の異なる3種類のかつお節をブレンドして、削りたてのおいしいかつお節の香りにより近づけていくような形で設計しています。

有賀　50年前といま、「おいしい」と言われている味噌汁って何が違うんですか？

村瀬　「ほんだし」の発売当初から、私たちは「どの部分を引き立てれば、さらにおいしいだしになるか」について研究を続け、生活者の味覚評価テストを何度も実施しながら改良を重ねてきました。そのため、50年前よりも風味や香りがより細分化・複雑化して「進化した」と言えるかと思います。

有賀　つまり、「より細やかな風味や香りがおいしさにつながっている」ということですね。理想が１００だとしたら、いま、感覚的にはどのくらいですか？

村瀬　70～80点くらいでしょうか。山と同じく、最後の2～3合がきつい感じはありますね。まだまだ技術を積み重ねなきゃいけないところかなと。でも、これは声を大にして言いたいのですが、「ほんだし」って本物のかつお節が入っているとはあまり思われてないんです！

有賀　「よくわからない、化学的なうま味」と誤解されている……。

村瀬　「ほんだし」を「体に悪いものかもしれないけれど、簡便だから使っている」という方が少なからずいらっしゃいます。これは寂しい……。実際は、漁師さんがかつおを獲ってくるところから始まっていきます。そこから、職人さんがものすごい努力をしてかつお節を作ってくださっているんですよ。かつおを煮た汁は濃縮して調味料にしたり、骨や頭は液体肥料にしたりして一匹丸ごと使い切っています。

有賀　（さまざまな商品パッケージを指して）これらの中に、いわゆる「味の素」は入っているんですか。

村瀬　料理の味が決まりやすくなるように入れています。

有賀　これが味のベースになる、うま味になるわけですね。

おいしさを設計する

有賀　私が今日どうしても聞きたかったことの一つは、使用量についてです。私は「ほんだし」「コンソメ」「丸鶏がらスープ」はすべて使っているんですが、使う量は少ないんです。たとえば、「ほんだし」だったらパッケージに書いてある分量の半分くらい。コンソメの場合は極端な話、¼とか、そのぐらいで使うんですよ。

井上　はい。

有賀　溶かしてすぐに飲んでおいしいとは思わなくても、そのほかの食材が入ってくることで食材のうま味が出されていって、最終的に必要な分には至るだろうということがあるので……。そういう使い方を私のレシピでは提唱しているというか、話しているんですね。いずれにしても、規定量だと使う量が少し多いような気がしているんですが、どうなんでしょうか？

井上　たとえば、味噌汁でいうと最近は具だくさんのものがトレンドです。そうすると有賀さんがおっしゃるとおり、具材から来るうま味成分がだしになるというのはもっともです。先ほどお伝えしたように、嗜好性のトレンドや生活者が作るメニューの変化を調査していて、それに合うおいしさ設計をしています。

有賀　なるほど。

井上　「ほんだし」は基本的にはベースとして使う調味料ですので、食材のおいしさを引き立てるための量と強度をコントロールしています。たとえば、具だくさんの味噌汁の場合、具が増えることで煮込み時間が延びる。そして、肉や魚なども入ってくることでかつおの風味が弱まります。そうした中で、かつお節とエキスを進化させていきながら、よりおいしい味噌汁にするため、現在の配合量になっています。

有賀　煮込み時間との関係ですか！　その観点はとても面白いです。私のスープは、具だくさんでほとんど「煮物」なんですよ。私の狙いとしては、汁を飲むというよりも野菜を食べるためのスープなんですね。そうした意味で、料理の何に着目するかという視点が違うのかもしれないと思いました。

　味の濃さ強さという点では、料理の仕事を始めてから、うま味や塩分に対する味の射程が「こんなに広いのか！」ということに気づかされました。私はこれで十分だと思うけど、全然物足りないっていう人もいる。

村瀬　我々の製品は北海道から沖縄まで販売するものなので、日本中どこで食べてもおいしいと思っていただけるようなものを追求してきました。たとえば、煮込み時間が延びてだしの風味が飛びやすくなる傾向が見られた場合は、だしの風味を強める選択をします。また、塩分量が上がらないように気をつけて設計しています。

有賀　ちなみに、塩分量が最終的に何%ぐらいになるような設計にされていますか？

井上　味噌汁１杯分１５０㎖で「ほんだし」の食塩は０・４ｇです。この時点で濃度は０・26%、お味噌を入れて１・０%程度ですね。

有賀　私のスープだと、野菜とかからうま味がしっかり出るものについては０・９～１・０%にしていますが、シンプルなものだと、うま味を感じやすくするために、ちょっと強めにしたりすることはあります。ただ、厳密には、本当は小さじ⅖だけど測れないから小さじ½にするとか、もっと言うと鍋の形状によって蒸発率が違うから、幅を持たせないといけないんですけれども。

井上　確かに、悩ましいところですね。

だしってどんな味？

有賀　「味の素」という商品と、「ほんだし」などのだし調味料の関係についても伺いたいです。「味の素」の原料は、昆布に含まれる「グルタミン酸」ですよね。それって、「味の素≒昆布だし」と考えて良いんでしょうか？

村瀬　１９０８年に池田菊苗博士が昆布だしからうま味成分を発見するわけですが、きっかけは「湯豆腐の昆布だし」だったんですよね。池田さんは昆布だしを味わううちに、甘味・塩味・酸味・苦味のほかに、もう一つの味があることを発見して研究に取りかかりました。

　そういうことからすると、僕らの会社って「うま味」から始まった会社ではありますが、その根っことしては「だしがあるとなぜおいしく感じるのか」を研究してきた会社なのかなと感じています。

有賀　うま味を感じたいときに、まず食べてみると良い食べものってありますか？　たとえば「しょっぱさ」は塩を舐めてみればわかるし、酸味は酢を舐めると感じられる。では、うま味は……？

村瀬　難しいですね。昆布だしかな、とは思います。椎茸だしなどもありますが、特有の風味が強いので、味としてのうま味を味わうのであれば、昆布がわかりやすいように感じます。

有賀　でも昆布だしって、それだけだとちょっと取り留めがないっていうか。うま味って、ほかの４味に比べてわかりにくいですよね。日々、味の素さんのところにたくさんお問い合わせがくると思いますが、どんなものが多いですか？

村瀬　個人的には「使い分けがわからない」ということはきっとあるんだろうなとは思います。なぜかというと、だしだけをそのまま飲むことはあまりないからだと思います。

有賀　そうですね。料理のベースとして、下支えするのがだしだから。

村瀬　醤油や砂糖、みりんなどを合わせて使うので、それだけで味わうことはあまりない。だから、「だしはこういう味」というイメージがわきづらいから、使い分けが難しいのかなと思います。

有賀　そう考えると、調味料が既にオールインワンになっているめんつゆとか白だしがラクだなって思う人が多いのもわかりますね。今後、「ほんだし」をベースにした「ほんだしつゆ」とか、だし調味料みたいなものが出てくる可能性もあるんでしょうか？

村瀬　私は、「ほんだし」はだしであると同時に調味料でもあると思っています。実際に「風味調味料」という立ち位置なんです。いわゆる一般的なかつお節や昆布からとるだしをベースに、味をより決まりやすくしたものが「ほんだし」だと思っています。だしをベースにしながらも、料理に使いやすくしているからこその広がりがあると思っています。

有賀　共感します。家庭料理に携わっている料理家さん、食品メーカーさんも、まずは「今日の夕飯をとりあえずなんとかしたい」「簡単に作りたい」という人たちに応えないとならないんですよね。そこで困っている人たちはすごく多いから。でも、それだけやっているとどんどん先細りしていっちゃう。

一つ料理が作れた人に対して、「もう少し作ってみたい」と思ってもらう、あるいは「こうやったらもっとできるよ」っていう教育的な部分も入れながら情報をお伝えするっていうことが、すごく難しくなっていますよね。

村瀬　そうですね。便利さを担保しつつも、食文化の多様性も伝えていけたらと思います。だしの使われ方も、地方によって異なるんです。こんなに多様な食文化があるのはとても豊かなことですし、料理の楽しさが明日にもつながっていくと思うんです。

有賀　そうですね。楽しさがあるとモチベーションも上がるし、「こんな料理も作れた」と自分を鼓舞する力になりますよね。

使い方もいろいろある

有賀　「これは想定外！」というような、意外な使い方ってありましたか？

村瀬　あるときに、インフルエンサーの方が和洋中のだしの素、つまり「ほんだし」と「コンソメ」、「丸鶏がらスープ」を全部入れたスープを作っていたんですよ。「面白いな」と思って、一度どんな味になるのかそのとおりに作ってみたら、味がとてもおいしかったんです。

有賀　アジア料理が浸透してきたことと関連があるかもしれないですよね。アジアのスープとか料理って、魚系のうま味にハーブのような香りが足されたものが多い。そうすると、「コンソメ」と「ほんだし」を合わせても違和感がないのかも。

基本的に、私は食材のうま味のみでスープを作りますが、その作り方で一番難しいのはアジア系のものなんです。魚と肉のうま味が両方入っていることも多くて、うま味自体も強いし、ハーブなども入って割と複雑なんですよね。こうした場合に、インスタントだしをちょっと使ったほうが「らしい」味になります。

村瀬　実は「ほんだし」は、台湾や韓国、アメリカなど海外に輸出していて、売上がずっと伸びてきています。その理由として「海外で日本食の需要が増えているからかな」と思っていたんですけど、実際はいわゆる味噌汁などの和食だけではなくローカルな鍋や麺メニューなどの隠し味にも使われていたんです。

有賀　そんな使い方もあるんですね！

井上　そういう意味で、「ほんだし」には余白があるというか。以前、私が聞いた例だと、お好み焼きの上に削り節の代わりに「ほんだし」を直接ふりかける方がいたんです。結構ご高齢の方だったんですけど、すごく面白い使い方だなって。

有賀　お味噌汁のだしだけじゃないんだ！　今日は「ほんだし」について、いろいろと新しい可能性が見えましたし、自分が思っていたのと全然違うお話が伺えました。だしパックなど、簡易だしというかインスタントだしの中の一つとして「ほんだし」をとらえていたので、中身のこととか、塩分の話とか、いろんな使い方があるということを伺って、解像度が高まったように感じています。今度、かつお節の生産現場にも行ってみたいです！

だしに頼っといたら良いんです

お話を聞いた方
采《うね》野《の》元《もと》英《ふさ》さん
（うね乃株式会社　代表取締役社長）

現在のだしブームのようなものにおいては、だしが「だし以上」になってしまっているように感じています。味のニュートラル（中立地点）に狂いが出ているというか……。50年前だったら当たり前の味でも、いまは物足りなくなってしまっています。

だしというものは、素材の味を持ち上げる「料理水」だと思います。そもそもお水をお料理向けに変換したものなのかなと。湯豆腐って「お湯の豆腐」と書きますが、あれはお湯ではしませんよね。昆布でだしをとるわけですが、おいしい昆布だしまでいってしまうと大豆の味を覆ってしまいます。要するに、何を主役にするかということを見極められる存在になるのが、天然だしの役割だと考えています。足りないところはだしが補いますし、足りている素材にはだしはすごく控えめになります。そこがフレキシブルに上がったり下がったりできるのが、天然だしの良さだと思います。

当社のだしパックは、もう45年ぐらい前から作っていて、現行のものが第3ジェネレーションです。最初は、私の祖母が「もうだしとるのめんどくさい」って言い出したんですよ。それで「なんかもっと良い方法ないか」って、うちのじいさんたちが考えたんです。ちょうど同じ頃、紅茶のティーバッグが発売されて「こんなふうにだしを詰めたらどうか」とヒントにしたようです。「おだしのパックじん」は、２０２１年にリニューアルしました。金パックには、まぐろ節と羅臼昆布、それから乾しいたけが入っています。これは洋食にも、パスタにも合います。ちなみに、だしパックをいくつ入れるか、あるいは入れたままにするかどうかはお好みですから、そこに正解は求めない方が良いです。うちも「５００㎖で

1パック」と書いてはいますけど、濃いうどんが食べたいときは2つ入れてくださいという話になりますし。

20年ぐらい前までは昆布からだしをとっている人が結構いらっしゃったので、「だしパック便利だわ」と言われたものですが、いまはそれすら「ちょっとハードルが高い」と感じている方がいるのは事実です。なぜなら、さしすせそ（砂糖・塩・酢・醤油・味噌）で味決めができないから。そうした中で、当社でいま急激に伸びてきているのが、ビン入りの「京のしろだし」です。そして、最近は「くろだしジュレ」も売れています。こちら1つ約３００円ですが、高いという意見はありません。外食や中食に比べて安い、という消費者感覚もあると思います。

だしの役割について、ちょっと実験をしてみましょうか。まずは、合わせだしとトマトジュースを混ぜます。ここに塩を少し入れます。これは塩味をつけるのではなく「あたり」をつける、つまり輪郭をはっきりさせるためです。ここにオリーブオイルを足して、混ぜて飲んでみてください。最後のスープになったとき、だしの味はしないじゃないですか。でも、なくなったわけでなくて、ここらへんに「落ちている」んですよ。ここにだしのポイントがあると思っています。

足していく料理というのは、だしが得意なジャンルですよね。たとえばお鍋をやるときに、まず昆布と乾しいたけを入れます。そこに鶏肉を入れて、魚を入れて……と足していっても、変形してつき合ってくれる。だしが裏に回って、というふうになる。和食は引き算の料理と言われますが、下支えしてくれているとも言えそうです。だしが支える部分が分厚ければ分厚いほど、上が増えてきてもちゃんと持ちこたえられると。それが弱いだしやったら、やっぱり重さに耐えられずポンと落ちてしまう場合があるので。だしに頼っといたら良いんです。

「おいしさ」だけに立脚しない

お話を聞いた方

土《ど》居《い》純《じゅん》一《いち》さん

（有限会社こんぶ土居　代表取締役）

昆布業界はいま、ものすごい逆風にさらされています。たとえば、昆布の生産量をとっても、この30年で4割になりました。今後下げ止まるかというと、むしろ僕はその傾向に拍車がかかると思っています。その理由はいろいろありますが、より深刻なのは生産者数の急激な減少です。10年後には、ほぼ半減している可能性があります。となると、需給のバランスが崩れ、昆布の値段が上がることは確実です。

僕らは昆布屋として、いままで「おいしさ」に立脚して生きてきたんですね。でも、「おいしい」という言葉だけでは、共通認識が得られにくい世の中になってきました。僕は昆布屋だから、本当はこんなことを言いたくはないのですが、おいしさだけでいうと「昆布って、果たして本当に必要なのか」と思うときもあります。

たとえば、グルタミン酸など数値化できるものとしてとらえると、昆布はほかのものと代替できて、なんだったらそっちのほうが安く手に入ります。でも、解明されていないけれども感じる何かが昆布の中にあって。これはバニラビーンズとバニラエッセンスとの関係とも似ていて、僕らはバニラエッセンスの香りをかいで「あ、バニラだ」と思うわけです。けれども、実際のバニラビーンズとは何か違うことも感じている。どこを見て選択するか、正しい情報を知った上で判断してください、というのが僕の願いなんです。うま味の表記についてもそうです。値段の高い昆布を誰もが使えるわけではありませんし、化学的なうま味が入っているものは絶対悪と言うつもりもありません。ただ、違いは理解してほしいです。

それに加えて昆布を使う意味として、健康面や文化面の要素を打ち出すようにしています。

昆布には、さまざまな産地があります。うちは何しろこれだけの小規模な昆布屋ですので、大阪型昆布文化を体現する真昆布に絞っています。たとえば羅臼昆布は、それを昔から珍重するのは富山県の方です。京都の料理屋さんは、利尻昆布もよく使いますね。では大阪はというと、もとをたどれば青森、そして道南の真昆布と結びついていたわけです。古い時代から真昆布は最高品とされてきました。業界内に『昆布手帳』という冊子があり、昆布の各品種のことなどが書いてあるのですが、真昆布は「最高級」とされています。「高級」という言葉はちらほら見えるんですが、最高級と書かれているのは真昆布のみです。

　このような、昆布の文化的な背景を伝えていきたい。日本では、昆布にカルチャー的な見方をする人って少ないように思います。たとえば、ワインの世界はまさに、飲料とアートの中間にありますよね。日本中で、作り手や畑の情報、品種について熟知しておられる方が山ほどいるわけです。みんな難しい試験を通ってソムリエになって、体系的に知識を持っておられます。同じように、ぜひ昆布のことも知ってもらいたいなと思って、「大阪昆布ミュージアム」を自費で作っているわけです。本来、文化事業というのは自治体や国にお任せしたいところですが……。外国のものばかりでなく、自分の足元にもすばらしい文化があることを知っていただきたいのです。

　この先、昆布が文化として求められる機会があるだろうと僕は思っているんです。いままで軽視されていただけであって、日本の食文化の根幹をなすだしについては、いま世界が認知しはじめています。いまは文化的な側面に目を向ける人は1割にも満たないのかもしれないけれども、そういう方々に向けて発信し、必要とされた際にはお答えできる存在でありたいです。

おわりに

だしとスープと私

料理とだしとの、あたらしい関係

2年ほど前から、地方に出かけてその土地の汁物を探す旅をしています。昔はよく家で作って食べられていたという汁物を探していくと、似たような汁物があちこちで見られます。

それらの多くは、その土地でとれた魚介や野菜を鍋に入れて煮込み、味噌か醤油で味をつけ、小麦粉や蕎麦粉を練った麺や団子、または芋を加えるというものです。山梨の「ほうとう」、大分の「だんご汁」、岩手や青森の「ひっつみ」、北陸の「のっぺい汁」、秋田の「きりたんぽ」などは有名ですが、多くの地域にそれに近い食べ方があります。群馬にある「おっきりこみ」という平たい塩なしのうどんは、大きな養蚕農家が家族総出で蚕の世話をする際、時間がちょっとできた人が次々に食べられるよう大鍋で作り置きされていたものだそうです。私の母の出身地である大分県臼杵《うすき》市には、スープかけごはんのようにして食べる「黄飯《おうはん》」という料理があるのですが、これもやはり商売をする家で従業員たちのために大きな鍋で作り置きする正月料理だと聞きました。

日本だけではありません。イタリアのミネストローネやズッパ、ドイツのアイントプフ、フランスのポトフやブイヤベース、ガルビュール。西洋の汁物にはパンや豆を入れることが多いですが、身近な食材を煮る×炭水化物×シンプルな味つけ、という構造は、日本のほうとうや団子汁と同じなのです。

鍋で煮込んで汁と具を一緒に食べる「ごった煮スープ」は、ひと鍋ひと皿で、手間なく、経済的に、そして一日働いた人々の空腹をしっかりと満たしてくれる合理的な料理で、だから世界中にあるわけです。

このような汁物は、少人数になった現代の家庭では作られなくなりつつあり、一部のレストラン料理として残ったもの、製品になって売られるようになったものについては、だしをしっかり加えて作るレシピに切り替わっています。

昔はわざわざ、だしをとったりはしなかったはずです。「うま味のある汁だけを取り出して料理をよりおいしくする」という発想そのものが、そもそも料理人の発想であって、家庭のものではないからです。それでも畑の野菜、味噌や醤油、さらにうどんや蕎麦など、すべての食材や調味料から出たエブリシングだしが混然一体となったおいしさが、このスープにはあります。

私たちが普段、無意識に使っている「エブリシングだし」をだしとしてとらえ直すことをこの本で提案したのは、だしに迷える人たち、日々の料理を大変だと感じている人たちのために、だしと料理の新しい関係を作りたかったからです。

食材の状態やその日の気分にかかわらず、常にだしを前提に考える料理のやり方でなく、食材から出る味をだしとして、足し引きしながら過不足のない味を作っていく昔ながらの方法を、新しいやり方として、いまの時代に置き直したい。

鍋で手近な野菜や肉、魚を水で煮て、必要なら主食も入れてシンプルに味をつけるというごった煮スープの構造を、キャベツとサバ缶、ブロッコリーとベーコン、鶏とかぼちゃなど、現代風に切り替えていけば、レシピにふりまわされることなく、日々の食事が楽に、それでいて豊かに変わっていきます。

多くの選択肢がある時代に

現代の食のむずかしさは、選べないほど商品があふれているのに自分に合ったものがなかなか見つからない、というところにあるような気がしています。だしも同じです。

スーパーへ行くとだしに関連する商品がずらりと並んでいて、顆粒だしやだしパック、だし入り味噌、めんつゆ、煮干しの粉、昆布に削り節、液体だし……しかも、それぞれに何種類もタイプ違いのものがあるのです。おいしさ、使い勝手、価格など、さまざまなことを考えてどれか一つを選ぶなんて、気が遠くなる作業です。それでも、この本に書かれただしの性質を知り、自分にとって何が必要かを考えてから買い物に行けば、少しは選びやすくなるはずです。

すでにお気に入りのだしがある人も多いと思います。便利で手軽、失敗の少ないインスタントだしにも、料理をより楽しみ、味わいの深さを感じるラスボスだしにも、それぞれの利点があり、みなさんのライフスタイルや味の嗜好で選べばよいのではないかと思っています。それでも一度、エブリシングだしを認識した上で、インスタントだしやラスボスだしに戻っていくと、そこには新しい味の気づきや選択があるはずです。

「だし」というのは不思議な存在です。料理に欠かせないのに、その存在は目に見えません。だしらぼアンケートをとったとき、「毎日料理をしているのに、だしのことは考えたことがなかった」という回答がありました。普段はだしのことなど考えていないし、考えていないことにも気づいていない。私は、これが普通の人のリアルな感覚だと思います。

でもだからこそ、少しだけだしを意識しながら使うことで、料理は大きく変わります。そういう意味で、だしはやはり「料理の基本」といえるのです。

＊＊＊

「だしの本を出版したい」と言い出したのは私自身ですが、それは思った以上の仕事になりました。もちろん一人ではできず、多くの方にお世話になりました。

まずは、対談や取材を快く引き受けてくださったみなさんにお礼申し上げます。だしに関する豊かな知見と、おいしさというものの不思議さ・面白さを教えてくださった伏木亨先生。対談を通じて、私の抽象的な考え方に「エブリシングだし」という名前を与えてくれた、発酵デザイナーの小倉ヒラクさん。日本のうま味をけん引する、味の素の村瀬健哉さんと井上直恵さん。だしの役割について、ゆるぎない考えをお伝えくださった、うね乃の釆野元英さん。そして、日本が誇るだし素材・昆布を通じ、文化と化学を組み合わせて鋭く分析されている、こんぶ土居の土居純一さん。

また、スタッフの方々にも大きな力をお借りしました。「だしの本を出したい」という私の言葉をキャッチしてくださり、お声がけくださった誠文堂新光社の松下大樹さん。私のスープやだしの位置づけを一冊の本に落とし込み、粘り強く寄り添ってくださった編集者の柿本礼子さん。決して簡単とはいえない内容を、読みやすいデザインに仕上げてくださった横須賀拓さん。そして、マニアックな「だしらぼ」に参加くださり、さまざまなだしへの視点をくれただしらぼメンバーや、ＳＮＳを通じてアンケートに答えてくださったみなさん。

この本が、だしという深い沼をとらえるための助けになれば幸いです。

２０２４年３月　有賀 薫

参考文献

▶だし全般、うま味について

『新装版　だしとは何か』熊倉功夫・伏木亨監修（アイ・ケイ・コーポレーション）
『おいしさを科学する』伏木亨（ちくまプリマー新書）
『コクと旨味の秘密』伏木亨（新潮新書）
『発酵文化人類学』小倉ヒラク（木楽舎）

▶和のだしについて

『だしの基本と日本料理』（柴田書店）
『鰹節（かつおぶし）』宮下章（法政大学出版局）
『特別展「和食～日本の自然、人々の知恵～」公式ガイドブック』（朝日新聞社・NHK・NHK プロモーション）
『伝承日本料理』柳原敏雄（日本放送出版協会）
『応用自在な調理の基礎　日本料理篇』河内一行・川端晶子編著（家政教育社）
『昆布と日本人』奥井隆（日本経済新聞社）

▶海外のだしやスープについて

『フランス料理を築いた人びと』辻静雄（中公文庫）
『フランス料理の歴史』ジャン＝ピエール・プーラン・エドモン・ネランク著／山内秀文訳・解説（角川ソフィア文庫）
『ソースの基本フォンの世界（ソース・味のエッセンス上巻）』緑川廣親（柴田書店）
『スープ入門　改訂版』八馬史尚・川崎一平・上村拓也・山口敬司著（日本食糧新聞社）
『スープの歴史』ジャネット・クラークソン著／富永佐知子訳（原書房）
『中華料理の文化史』張競（ちくま文庫）

▶家庭料理のだし、だしのレシピについて

『辰巳芳子の展開料理（基礎編）』（ソニー・マガジンズ）
『日本の家庭料理独習書』土井善晴（高橋書店）
『ふだんの料理がおいしくなる理由』土井善晴（講談社）
『小林カツ代　料理の辞典』（朝日出版社）
『いま伝えたい和食』野口日出子（河出書房新社）
『永平寺の精進料理』永平寺監修（Gakken）
『日々のだし』矢長謙三（誠文堂新光社）
『引頭佐知さんのだしとり教室』引頭佐知（アノニマ・スタジオ）

装丁：横須賀拓
撮影：合田昌弘
校正：金子亜衣
編集：柿本礼子、松下大樹（誠文堂新光社）

有《あり》賀《が》薫《かおる》のだしらぼ

すべてのものにだしはある

2024年5月20日　発　行　　NDC596

著　　者　有《あり》賀《が》 薫《かおる》
発 行 者　小川雄一
発 行 所　株式会社 誠文堂新光社
〒113-0033 東京都文京区本郷3-3-11
電話 03-5800-5780
https://www.seibundo-shinkosha.net/
印刷・製本　図書印刷 株式会社

ISBN978-4-416-62369-5